スウェーデンにおける野外保育のすべて

「森のムッレ教室」を取り入れた保育実践

エーバ・エングゴード
高見幸子・光橋翠＝訳

新評論

はじめに

スウェーデンに住むほとんどの大人は、子どもが自然の中で過ごすことは心身の発達においてよいことと考えています。にもかかわらず、さまざまな統計や研究報告書によると、森などの自然環境に子どもが訪れる機会がますます減っているということです。なぜ、このようになってしまったのでしょうか。その理由として、以下のようなことが挙げられます。

- 都会に住む多くの子どもにとって、緑地が近くにない。
- 今日では、大人の監視なしに子どもが外で遊ぶことが危険だと考えられている。
- 野外での遊びに対抗するように、テレビやコンピュータなどのメディアが普及した。

現在の子どもたちは、自然環境とのコンタクトを失いつつあります。この傾向に歯止めをかけるためにはどうすればよいのでしょうか?

言うまでもなく私は、子どもたちが自然環境にアクセスできるようになることにはたくさんのメリットがあると思っています。本書で紹介した保育者や保護者は、科学者と同様、自然環境とのコンタクトが子どもの健康と学びにポジティブな影響を与えると信じています。また、今後、新しい持続可能な社会を形成するうえにおいては、ゲームなどを購入しなくても十分に楽しめるということを子どもたち自身が学ぶ必要があると考えています。

現在の傾向を転換させるためには、現代社会に向き合うことが重要となります。つまり、自然環境の中で過ごすといっても、一九〇〇年代と二〇〇〇年代ではまったく状況が異なるのです。現在の子どもが自然とのかかわりがもてるかどうかについては、大人のあり方が大きく影響します。一九〇〇年代における自然での遊び方は、集団において子どもたちの間で伝えられていたということを忘れてはいけません。

今日では、自然環境に出掛けて、そこにどのような遊びの可能性があるのかについて都会の子どもたちに知ってもらうため、熱意のある大人が必要とされています。この点に関しては、本書で紹介する就学前学校の保育者から学ぶことがたくさんあります。

本書は、私の研究プロジェクト「よき子ども時代を象徴する自然と、それを実践する就学前学校」をベースにして書かれたものです。このプロジェクトの支援者は、科学評議委員会に属している「教育科学委員会」です。この委員会は、リンショーピン大学（Linköpings Universitet）の「子ども」という部署に所属していました。指導教官はグニラ・ハルデン（Gunilla Halldén）

教授で、目標としたのは、「スウェーデン社会が子どもを自然環境にどのように近づけようとしているのか」について研究することでした。

多くのスウェーデン人は、当然のごとく、子どもが自然環境の中で過ごすことは「よい」と思っています。私たちは、その当然とされていることを深く掘り下げ、何が重要で、ポジティブと考えられているのか、また子どもと自然との関係がどのように表現されているのかについて研究しました。

このプロジェクトにおいて私が担当したのは、野外教育を実践する就学前学校を研究することでした。その就学前学校で何が行われているのか、それが子どもと大人にとってどのような意味があるのかについて理解することでした。とくに興味をもったのは、自然環境における子どもの遊びでした。

本書では、フィールドワークを行った就学前学校における自然活動の全体像を紹介します。彼らの活動は、野外教育を取り入れている就学前学校がどのように機能しているのかを示す一つの事例となるからです。

本書を執筆するにあたって、さまざまな形で協力をしていただいたみなさまに感謝の意を表します。とくに、子どもたち、保育者、保護者に感謝いたします。保育者のみなさんは、自らの実践活動に私を快く受け入れて、多くの時間を割いてくださいました。また、子どもたちは、遊びについて観察する私を受け入れただけでなく、質問にもしっかりと答えてくれました。もちろん、保護者も私のインタビューにていねいに答えてくれました。

次に、科学評議委員会とプロジェクトに協働してくださったグニラ・ハルデン教授とアンネーリ・リンドグレン、デイーサ・ベリネールに感謝を表します。プロジェクトに関連したセミナーには、ヨーテボリ市の「哲学研究所（Filosofiska institutionen）」の研究者をはじめとして、ストックホルムの「教授法と教育学研究所（Institutionen för didaktik och pedagogiskt arbete）」、ノルウェーの「トロンハイム野外保育園研究センター（Norsk Senter for Barnehageforskning i Trondheim）」、リンショーピン大学の「テーマ研究所（Institutionen för Tema Linköing）」の研究者など多くの人が参加して議論したほか、本書が基盤としている研究文献を発展させることに貢献してくれました。

また、野外生活推進協会傘下の有限会社「雨の日も晴れの日も野外教育研究所（I Ur och Skur Utveckling）」のCEOであるシャステイン・アンダーソン（Kerstin Andersson）と「野外生活推進協会」の熱血漢ジル・ウェスターマーク（Jill Westermark）には、事実関係について確認をしていただいたこと、そして価値ある意見をいただいたことに感謝します。ちなみにジルは、ストックホルム大学の教育学部の元同僚であり、私の研究に興味をもち、最初にこの本を書くことをすすめてくれた人物でもあります。
最後になりましたが、親愛なるパー・ヤコブソンから動物と自然に関する知識においてコメントをいただいたうえ、常にプロジェクトを応援してくれたことに感謝いたします。

二〇一四年一月　ストックホルム

エーバ・エングゴード

もくじ

第2章　なぜ、野外教育なのか？

第3章 「雨の日も晴れの日も」の認証を受けている「レインボーゲン野外就学前学校」……73

第7章 森での象徴遊び

第8章　森では、男女が別々にも一緒にも遊ぶ……237

スウェーデンにおける野外保育のすべて——「森のムッレ教室」を取り入れた保育実践

Eva Änggård
Ett år i ur och skur: utomhuspedagogik i förskolan

This translation of the title is published
by arrangement with Studentlitteratur, Sweden
through le Bureau des Copyrights Français, Tokyo.

第1章

スウェーデンにおける子どもと自然の関係

本章では、スウェーデンにおいて、どのようにして子どもと自然が結び付けられるようになったのか、また近年、野外教育への関心がどのように高まったのかについてお話していきます。また、本書の基盤として、さまざまな章で触れることになる研究報告についても紹介していきます。

八月末のある朝、私は九時少し前に「レインボーゲン（Regnbågen）野外就学前学校[原注1]」を訪れました。子どもたちと保育者たちは、ともに雨具を着て、長靴をはいて園庭にいました。子どもたちは、水溜まりのなかでジャンプをしたり、濡れた砂で「チョコレートボール」をつくっています。朝、どしゃぶりの雨が降っていましたが、私が着いたときには小雨になっていました。

この日は、新入園児の四人と保護者が、初めて森の中にある年少児のグループ[1]の「自分たちの基地」に同行する日でした。三台ある二人乗りのベビーカーに、お弁当のほか、午前中を過ごすために必要とされるものが積まれていました。そのベビーカーの横には輪っかが付いており、子どもたちが歩くときはそれを手に持つことになっています。

出発するとき、保育者のマーリンが、アメリカの先住民族の呼び声をかけて子どもを集合させます。園児と保護者が、園舎の壁にかかっているリュックを一緒に取りに行きます。子どもはリュックを背負うことを助けてもらったあと、ベビーカーの輪っかを見つけに行きました。

もう一人の保育者であるクリスティーナが、「みんな、準備はいいかな?」と声をかけました。みんなが「はい、もちろん準備完了!」と返事をすると、クリスティーナが「じゃ、森に出発!」と言いました。

行列の行進はゆっくりとはじまります。クリスティーナが最初に歩いて、前の学期から通っている子どもの手を取ります。子どもと歩きながら、保育者が少しおしゃべりをします。アスファルトの小道を通り過ぎると、子どもたちはベビーカーの輪っかから手を放してもよいことになっているようで、小道沿いに走りはじめました。新入園児の一人であるイエスパー（一歳半）が石につまずいて転びました。そばにいたお父さんが慰めています。

　クリスティーナが、「みんな、地面に何がいるか見てみましょう」と言いました。そして、子どもたちを集めて、カタツムリを指さして「カタツムリに歌を歌ってあげる?」と尋ねました。みんなで、「かわいいカタツムリ、こちらにおいで……」という歌を歌いました。

　しばらくすると、この年少児のグループが森で過ごすこ

（原注1）匿名性を確保するために、学校名および人物名は仮名としています。

（1）スウェーデンの就学前学校では、「組」を表す言葉として「グループ」が使われています。なお本書では、一～三歳児を「年少」、四～六歳児を「年長」と表記することにしました。

壁にかかっている子どもたちのリュック

とになっている場所に到着しました。そこは、木や茂みに囲まれた森の片隅です。丸太が四角を形づくるように置かれてあり、保育者と子どもがその丸太に座り、保護者と私は丸太の後ろに座りました。クリスティーナが緑色の布袋を取り出しました。新入園の一人に、袋の中を見るように促しています。その男の子が、その中に布とモールでつくられたクモの人形を見つけました。それを合図に、「小さなクモさん」という歌を歌いはじめました。

数人の子どもが袋の中から動物のぬいぐるみを取り出し、その都度、歌を歌いました。歌の時間が終わるとおやつの時間です。サンドイッチを食べ、温かいホットチョコレートをカップで飲みます。そのあとは遊びの時間となります。二人の保育者は子どもたちと一緒に遊びますが、保護者たちには「後ろでそっと見ているように」と言っています。

地面にできた二つの大きな窪みに、雨水が溜まっていました。この日は、プラスチック製の魚、ボール、そして車をその水溜まりのなかに入れて遊びました。一人の女の子が、木の枝に紐を結び付けて魚釣りの真似をしていました。

保育者のマーリンが、新入園児に大きな岩である「ジャンプ岩」を見せていました。彼女は、子どもたちがその岩に登り、飛び下りるのをサポートしました。一方、前学期から通っている子どものウルリカとリンダは、曲がった松の木の枝で遊んでいました。その枝に二人でまたがって、ブルンブルンと音を出して遊んでいました。ニクラスもその枝で遊びたくなったようです。「ママ、一緒に行っていい？」と聞いてから、彼も一緒に枝に乗って遊びました。

しばらくすると、同じ子どもたちが切り株のそばで遊びはじめました。ナナカマドの実や、松葉や木の葉をその切り株に乗せていました。「これはご飯よ」と一人が言ったところ、ウルリカが釣り竿を持って、「魚釣りをしなくちゃ、いっしょに来る？」と誘いました。そして、みんなでもう一方の水溜まりに行って、魚釣りをはじめました。

ここで紹介したのは、「レインボーゲン野外就学前学校」の年少児のグループにおける午前中の活動風景です。レインボーゲンは野外教育に取り組んでいます。つまり、この就学前学校では大部分の活動が野外で行われているということです。

レインボーゲン野外就学前学校は、野外生活推進協会の下部組織である「雨の日も晴れの日も野外教育研究所」（次ページの**訳者コラム1**参照）の認証を受けています。紹介した内容は、二〇〇六年八月から二〇〇七年六月まで、レインボーゲン野外就学前学校における最初の数日に行われた活動を観察し、記録したレポートから抜粋したものです。

私は、研究の範囲内でこれまで科学的な報告書をいくつか出版してきました。本書では、誰もが簡単にその内容にアクセスできることを目的として著すこととともに、「雨の日も晴れの日も」の認証を受けた野外就学前学校の日常生活を紹介していきたいと思います。

訳者コラム ①

野外生活推進協会における「森のムッレ教室」と「雨の日も晴れの日も（I Ur och Skur）」の活動について

野外生活推進協会（Friluftsfrämjandet）は、年間を通して野外活動を提供することで国民の健康を促進し、喜びを与えることを目的として1892年に発足したスウェーデンで最も伝統のあるNGOです。スキー、スケート、カヌーなど大人を対象にした活動と、子どもを対象にしたスキーやスケートの教室ほか、「森のムッレ教室」（以下、ムッレ教室）などのリーダー養成講座とプログラムを展開しています。現在の会員数は約10万人で、全国に300支部あります。

ムッレ教室は、1957年に５～６歳児対象の野外プログラムの一つとして開発されました。「ムッレ」という妖精が登場し、子ども達が森で楽しく過ごしながら自然のことを学び、自然を好きになり、大切にするようにと考案されたものです。60年間で約200万人のスウェーデン人が体験しており、ムッレ教室のほか、０歳児から小学生まで年齢に合わせたプログラムもあります。

ムッレ教室は、1970年代までは主婦がボランテイアで行ってきましたが、1980年代に女性の社会進出が本格化すると、就学前学校の活動として導入されるようになりました。1985年には、ムッレ教室の理念をもとにした野外就学前学校が誕生していますが、ここは、「雨の日も晴れの日も」と呼ばれる協会の認定を受けた野外就学前学校の第１号園となります。

現在、「雨の日も晴れの日も野外就学前学校」はスウェーデン全土に約200校あり、自治体の管轄のもと、認定就学前学校として公立と同様補助金を受けて経営されています。また、スウェーデンの「就学前学校カリキュラム」に沿った目標を野外教育のアプローチによって達成しています。一方、従来のムッレ教室は、協会支部のもと、現在もリーダー達がボランテイア活動として続けているほか、一般の就学前学校でもムッレ教室を活動の一環として取り入れているところがあり、そのような就学前学校は全国に300校あります。

子どもと自然

自然環境と子どもには密接な結び付きがあります。その理由の一つとして、子どもは感覚を頼りに生きているということが挙げられます。言うまでもなく自然は、子どもたちが感覚的な経験が得られるように多くの機会を与えてくれます。

子どもは地面の近いところで動き回りますので、草、アリ、テントウムシなどがはっきりと見えます。雨の滴が葉に落ちる音までも聞こえますし、朽ちかけた落ち葉の匂いをかいだり、オオエゾデンザ（シダの一種）の甘くて苦い味も感じることができます。さらに、肌で風を感じたり、坂道を駆け下りたり、滑り下りたりするときには、重力を感じることで夢中になったりもします。

感覚的な印象というものは、子ども時代の思い出を蘇らせてくれるものです。それゆえ、人生において何が記憶に残っているかが大きく影響することになります。私自身のことを話せば、春一番に咲く紫色のスミレの香りは、幼少のころに友達と春の兆しを探したとき、住宅街に咲くサンザシ（バラ科の落葉低木）の垣根の周りにあった湿った側溝という記憶を呼び覚ましてくれます。多くのスウェーデン人が、このような自然環境の中での感覚を大人になってからも記憶に留めていることでしょう。

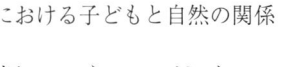

感覚的な記憶は個人的な歴史を呼び覚ましてくれるものであり、主観的なものです。しかし、同時に、そのような記憶は文化の影響を受けているとも言えます。つまり、感覚的な記憶をどのように評価するか、またどのように解釈するかは、その人が育った社会によって変わるということです。

スウェーデンの歴史思想家であるヨハニソン（Karin Johannisson, 1944～2016）は、『ノスタルジア（Nostalgia）』［参考文献43］という本のなかで、スカンジナビアでは「裸足の感触」に重要な意味があると述べています。そして、多くのスカンジナビア人にとって、草や岩の上を裸足で歩いたという記憶は、「幼少のころに戻りたい」という願望を意味していると言っています。

同じくイギリスの歴史研究家であるサイモン・シャーマ(2)は、「自然体験は、自然に対する個人の認識において影響を受けるものである」と言いつつ、「そもそも風景というものは、自然である前に文化的なものであった」と論じています［参考文献79］。まさに本書は、それぞれの自然観は、自らが属する文化の影響を受けているという視点に立って書かれたものと言えます。

私たちの社会では、子どもに自然を結び付けてよく語ります。これについては、リンショーピング大学のハルデン教授（iiページ参照）がいみじくも次のように表現したとおりと言えます。「自然は子どもにとってよいとされ、子どもも自然の中では気持ちよく過ごせるという考え方に見られるように、幼少期と自然は、互いに密接に結び付いていると考えられてきた」［参考文献34、

8ページ」

ハルデン教授は、このような考え方が生まれた歴史的なルーツも調べています。大きな影響の一つとして挙げられているのがロマン主義の登場であり、それによって自然に対する見方が変化したと言います。

一八世紀末から一九世紀前半にかけてロマン主義的な自然観が生まれると、山岳ハイキングや野外生活に対する関心が強くなっていきました。そして、自然は、子育てにおいても重要な場所であると考えられる

（2）（Simon Schama）コロンビア大学の歴史・芸術史学教授。著書に、『風景と記憶』（高山宏ほか訳、河出書房新社、二〇〇五年）、『レンブラントの目』（高山宏訳、河出書房新社、二〇〇九年）などがあります。

感覚を通した体験は記憶に残りやすい

ようになったわけです［参考文献34・35］。

「子どもと自然」というテーマにおいて重要な人物と言えば、一七六二年に『エミール』を著したジャン＝ジャック・ルソー[3]です。彼の発したメッセージは、社会は子どもを堕落させるものであり、自然の近くで子育てすることこそが賢い市民になる機会を与えるというものでした。ルソーは、物語の主人公として登場する少年エミールがどのように育てられるべきかについて詳細に説明しています。要約して紹介しておきましょう。

> エミールは田舎で暮らし、好んでベジタリアンとなり、質素なものを食し、いつも軽装で、裸足で駆け回っている。彼は感覚を通してのみ学習し、それも野外が好ましい。なぜなら、野外では多くの体験を重ねることができるし、自らの行動の結果を直接見ることができるからである。たとえば、庭の植物に水を与えるのを忘れると、枯れてゆくところを目にすることができるのだ。

またルソーは、身近な環境から地域社会へ、やがてはより大きな社会へと徐々に広がってゆくべきだとも言っています。そして、実践と社会に役立つ知識がもっとも重要であると強調しています［参考文献72］。

一八〇〇年代には、ルソーのメッセージやロマン主義の流れをくむ人間観をもとにした教育理念が発展します。スウェーデンでは、エレン・ケイ[4]が自然と文化は相反するとして、あるがままの自然であることが求められるべきだと主張していました［参考文献35］。

就学前学校における自然の位置づけ

一九〇〇年代初期、スウェーデンの幼児教育学で主流となっていたのは、ドイツ人の教育学者フリードリヒ・フレーベル[5]の思想でした［参考文献94］。彼が考案した幼稚園活動は「Kindergarten（子どもの庭）」と名付けられましたが、スウェーデン語に訳すと「barnträdgård《バーントレードゴード》」となります。

（3）（Jean-Jacques Rousseau, 1712〜1778）フランスの啓蒙思想家、政治哲学者。代表作である教育小説『エミール』は世界的な反響を呼びました。自然に子どもの教育を委ねる自然主義に基づく教育を提唱したルソーの思想は、ペスタロッチやフレーベルに受け継がれています。

（4）（Ellen Karolina Sofia Key, 1849〜1926）スウェーデンの社会思想家、教育学者、女性運動家。代表作に『児童の世紀』（小野寺信・百合子訳、冨山房百科文庫、一九七九年）や『恋愛と結婚（改訂版）』（小野寺信・百合子訳、新評論、一九九七年）などがあります。ケイは『児童の世紀』において、子どもを独自の存在として捉え、子どもの権利を主張しました。その後、子どもの権利を国際的に保障する運動の先駆けとなり、一九八九年の「子どもの権利条約（Convention on the Rights of the Child）」の採択として結実しています。

この言葉は、言うまでもなく自然や庭園と関係があるわけですが、フレーベルは子どものニーズや発達について、自らの著書のなかで植物の成長になぞらえて説明をしています。一八二六年にドイツで出版された『人間の教育』（上下巻・荒井武訳、岩波文庫、一九六四年）のなかで彼は、子どもには自然の中に定期的に訪れる機会と植物を栽培する機会が与えられるべきだと論じています。さらに、もっとも重要なこととして、植物や動物の名称を覚えることではなく、感覚を通して自然を体験するように子どもが刺激されることである、とも述べています［参考文献24］。

また、一九四七年にスウェーデンで刊行された『Barnträdgården（子どもの庭）』［参考文献77］という本では、フレーベルの思想が展開されています。本書は、長きにわたって幼稚園活動のための「手引き書」として多くの保育者によって読み継がれてきました［参考文献94］。この本には「園庭の手入れ」という章が設けられており、次のような文章ではじまっています。

子どもと花は仲良しである。すべての生きものは、子どもたちにとっては魅力あふれているものだ。そのため、幼少期から自然体験をする機会をなんとかして得ることは、このうえなく重要なこととなる。そして、私たち大人も、子どもたちとともに自然の素晴らしい世界を見ることができ、感覚を研ぎすまし、子どもたちを発見の旅へと誘うことができるのだ。これは、なんと幸運なことであろうか！

すべての子どもが、個人的かつ実践的に土壌とそこに育つ作物と触れ合い、感謝しながら種を蒔き、育て、収穫することの喜びを知ることがどれほど重要なことであろうか！
このような経験をもつ子どもは、同じ経験をもたない子どもに比べて、人生の備えがしっかりしており、精神的にもより豊かな人物となる。〔参考文献103・118ページ〕

本書では、子どもと動物の関係について一つの章を設けています。子どもが動物の世話をすることは、とても重要なことであると考えられています。かつては、ニワトリの飼育小屋を設置している幼稚園もありました。

戦後まもなく幼稚園（**訳者コラム2**を参照）では、興味の対象となるものを設けて活動する、つまりある一定期間、特定のトピックに集中するというテーマ活動的な手法が取り入れられてきました〔参考文献44〕。提案されていたトピックのなかには、「公園」、「森」、「さまざまな生きもの」といったものが含まれていました。そして、それらのトピックでは、「（子ども）に自然や動物の世界に触れさせて、感情を抱かせるようにする」ことが要求されていました〔参考文献44〕。

（5）（Friedrich Wilhelm Fröbel, 1782～1852）ドイツの教育者で、世界で最初の幼稚園の創設者。ルソーの思想を受け継ぎ、ロマン主義の立場から子どもの本質を神的なものとして捉え、自然性を学ぶために屋外活動を奨励しました。彼の幼児教育の理論は世界的な反響を呼び、明治初期に幼稚園は日本にも導入されました。

訳者コラム ②

スウェーデンの就学前学校のシステムについて

スウェーデンでは、1960年代の経済成長に伴う女性の社会進出を切っ掛けとして保育の拡充政策が行われてきました。終日保育を行う「daghem《ダーグヘム》」（日本の保育園）と短時間保育を行う「lekskola《レクスコーラ》」（日本の幼稚園）が併存していました。

1980年代の保育施設の量的拡大を経て、1996年には保育サービスの管轄が「社会福祉庁」から「教育庁」に移管されました。これにより、「daghem」と「lekskola」が統合され、１歳から５歳の子どもが通う「就学前学校（förskola《フォースコーラ》）」となりました。1998年には、日本の「幼稚園教育要領」「保育所保育指針」「こども園教育・保育要領」にあたる「就学前学校カリキュラム（Läroplan för förskolan 98）」（Lpfö 98）が公布され、就学前学校の任務や保育内容の方向性が示されると同時に、幼少接続の対策として６歳児が通う「就学前クラス（förskoleklass）」が設けられ、７歳から15歳までを対象とする基礎学校内に移行されました。ちなみに、この就学前学校カリキュラムは、2010年、2016年、2018年にそれぞれ改訂されています。

主婦のボランティア・リーダーによって実施されていた「ムッレ教室」は、1980年代半ばには「雨の日も晴れの日も野外就学前学校」にも導入されていきました。そのなかで、５～６歳でなくても活動に参加したいという保護者や子どもたちの声を受けて、1987年には３～４歳児向けの「森のクニュータナ教室」が、1990年には１～２歳児向けの「森のクノッペン教室」が開発されています。現在では、育児休暇中の両親が参加できる０～１歳児向けの「森のオープンスクール」や家族全員で参加できる「ファミリー・ムッレ」が開発されるなど、家族のあり方の変遷に沿って活動が展開されています。スウェーデンにおける保育制度の発展については、『スウェーデンに学ぶドキュメンテーションの活用』（白石芳江編著、2018年、新評論）を参照して下さい。

その後、スウェーデンの保育指導文書においても「自然」は重要な位置を占めてきました。一九六八年の「保育園調査書（Barnstugeutredning）」[6]［参考文献83］のなかには、「自然科学」と題されたセクション（節）が設けられています。

その焦点は、子どもは科学的な実験や探求を大人とともに行う機会が与えられるべきである、というものでした。もちろん、その目標は、子どもがコンテクストを理解し、学習したり情報を得たりする手法を身につけることです。

このセクションでは、子どもたちが就学前学校で植物や動物と触れ合う機会をもつべきであることも強調されています。一九八七年に社会福祉庁から出された『就学前学校のための教育プログラム』では、就学前学校における活動内容として三つの主要分野が挙げられています。その一つが「自然」であり、ほかの二分野は「文化」と「社会」となっています。「自然」の分野では、植物、動物、天候、環境について学習すべきである、とされていました［参考文献82］。

（6）一九六八年にスウェーデン政府が保育制度の改革政策を打ち出すために作成した調査報告書のことです。「その報告書には、政策に強い影響を与える重要な教育の原則や理念が示されており、現在もそれが適用されている。特に、保育園とプレイスクールの二つを就学前学校システムに合体させ、親の就労を可能にするとともに、子どもの利益にもつながるような現在のスウェーデンの就学前学校の土台となった」（白石淑江『スウェーデン保育から幼児教育へ』かもがわ出版、二〇〇九年、一九ページ）とされています。

現在の「就学前学校カリキュラム」（**訳者コラム2**を参照）では、環境問題に大きな重点が置かれています。そのなかにある「就学前学校の理念とミッション」という項目には、次のように記されています。

> 就学前学校は、環境問題や自然保護問題を重視しなければならない。エコロジカルな対応の仕方と将来へのポジティブな確信が、就学前学校の事業に反映されなければならない。子どもが自然や環境に対して慎重に対応し、自然の循環過程に関与していることが理解できるよう、就学前学校は寄与しなければならない。就学前学校事業は、現在と将来においてどのように日常生活と仕事を作り出せば、優れた環境を生み出すことに貢献できるのかを、子どもが理解するように援助しなければならない。［参考文献81・7ページ］(7)

また、「目標と指針」という項目では、就学前学校は一人ひとりの子どもが「生きものすべてに対する尊敬の念と、自らの身近な環境を大切にする気持ち」を発達させることができるように援助すること、と表記されています［前掲書・8ページ］。さらに、自然、環境、野外活動に関係する個所では次のような記述があります。

就学前学校は、一人ひとりの子どもの以下のような発達を援助する
・いろいろな自然のサイクルや、人間と自然と社会がどのように影響し合っているのかについての関心と理解を育てる［前掲書・10ページ］。
・自然についての科学や関連性の理解を育て、また、植物や動物、簡単な化学的作用や物理的現象の知識を培う［前掲書・10ページ］。
・自然科学について、問題を提起して話し合ったり、識別、調査したり、言語化する能力を育てる［前掲書・10ページ］。

保育チームは……
・自分の行動が、環境にどのような影響を及ぼすかについて、子どもに理解する機会を与える［前掲書・11ページ］。(8)

---

(7) 邦訳の引用は、白石淑江・水野恵子著『スウェーデンの今――テーマ活動とドキュメンテーション』かもがわ出版、二〇一三年、一八八ページ。
(8) 邦訳の引用は、白石淑江、水野恵子著『スウェーデンの今――テーマ活動とドキュメンテーション』かもがわ出版、二〇一三年、一九一ページと一九三ページ。

「就学前学校カリキュラム」に盛り込まれているこれらの目標に加えて、教育庁が発行している「持続可能な発展のための学習」というテーマごとの刊行物には、野外教育や自然との出合いという機会が環境意識を高める重要な方法である、と指摘されています〔参考文献56〕。このようにスウェーデンでは、就学前学校における活動に関して、国のさまざまな機関において「自然環境」を重視していることが分かります。

子ども文化における自然

就学前学校に関するさまざまな指導文書では、子どもと自然の結び付きが重要な基礎となってきました。このような考え方に貢献してきた重要な分野として、「芸術」と「児童文学」が挙げられます。児童文学に「自然」をもち込んだという意味において非常に重要な役割を果たしたのが、児童文学作家でありイラストレーターでもあるエルサ・ベスコフです(9)。彼女の絵本では、自然というモチーフが重要な地位を占めています。

彼女の絵本には、「森」に関する描写がたくさん出てきます。たとえば、『ブルーベリーもりでのプッテのぼうけん』(小野寺百合子訳、福音館書店、一九七七年)、『もりのこびとたち』(おおつか・ゆうぞう訳、福音館書店、一九八一年)や『おひさまのたまご』(石井登志子訳、徳間書店、二〇〇一年）といった作品です。彼女は、野外での制作活動からインスピレーションを得ていたのです。

たとえば夏、ヒュサロ島に滞在していたとき[(10)]、『ブルーベリーもりでのプッテのぼうけん』のスケッチをするために、彼女は長男のステーグを松の森へと連れ出しています［参考文献78］。このときの様子について、以下のように評している本もあります。

　植物と動物は専門的な視点で精密に描かれており、それぞれ、何の種なのか疑いなく識別することができる。［参考文献64・126ページ］

また、ベスコフ自身も、『もりのこびとたち』について次のように書いています。

（9）（Elsa Beskow, 1874～1953）エレン・ケイが学校の教師でした。技術学校で美術を学び、最初は教員雑誌のイラストレーターでした。『ちいさなちいさなおばあちゃん』（いしいとしこ訳、偕成社、二〇〇一年）などの絵本を書き、一九〇〇年代の人気児童絵本家となりました。豊かなファンタジー、自然と生活の細かな描写力は今も人々を魅了しています。

（10）（Husarö）ヒュサロは、ストックホルム近郊に位置する、二万個からなる多島海の中間部に位置する島の一つです。一年中この島に滞在している住民は少ないですが、一〇〇戸の「夏の家」があります。また、ボーイスカウト協会がキャンプをする島として利用するなど、夏に訪れる観光客が多い島です。

私がこの絵本に込めた意図は、言うまでもなく、子どもたちが私と一緒に森に出掛けたくなるようにすることです。子どもたちに、苔、木の皮、岩を好きになってもらうこと、それから、松ヤニと松の葉の香りや足下にある柔らかい苔を感じてもらいたいのです。［参考文献64・129ページ］

子ども時代を自然の中に位置づけることに大切な役割を果たしてきたもう一人の作家といえば、アストリッド・リンドグレン(11)です。彼女の作品では、自然環境が物語の舞台となっています。また、自然の要素と一年を通した季節のサイクルが物語のなかで大きな意味をもっています［参考文献16・35］。『山賊のむすめローニャ』（大塚勇三訳、岩波少年文庫、二〇〇一年）では、水泳やスキーを覚えたり、野生の馬を手なずけたりといった重要なことを学ぶ場所として「森の中」が描かれています。ちなみに、森の中では「やすらぎ」などが得られる一方で危険もあり、森の生きものに対して警戒もしなければなりません［参考文献35］。

『やかまし村の子どもたち(12)』や『エーミル』では、異なるタイプの背景が描かれています。それはスモーランド地方にある田舎の風景であり、溝、田園、牛の牧草地といったものでした。ここでも自然環境が重視されているわけですが、何よりも、遊びの場として描かれてきたことが特徴の一つとして挙げることができます。

もう一つの影響として触れておきたいのが、古くから伝わる民話です。古典的なおとぎ話のなかで森は、重要な役割を果たしてきました。『スウェーデンの森の昔話』（うらたあつこ訳、ラトルズ、二〇〇八年）と題された作品の序文において、児童文学作家兼イラストレーターであるアンナ＝クラーラ・テイドホルム[13]は、スウェーデンにおいて森は、何世代にもわたって人間の中心的な関心事となってきた、と述べています。

かつて私たちは小さな村に住んでいましたが、多くの場合、そのような村は大きな森に囲まれていました。そして森は、人々の生存にとって重要な存在だったのです。田畑や牧草地よりも重要だったくらいです。［参考文献92・10ページ］

（11）（Astrid Lindgren, 1907～2002）スウェーデンの児童文学作家。一九四五年に『長くつ下のピッピ』（大塚勇三訳、岩波少年文庫、二〇〇〇年）を執筆したほか、『やかまし村のこどもたち』（大塚勇三訳、岩波少年文庫、二〇〇五年）などの作品があります。子どもの権利や動物の権利の擁護者で、影響力のあるオピニオン・リーダーでした。

（12）（Småland）スウェーデン南部の中心部に位置しています。森、草原、湖が多いというこの地に、リンドグレンの童話の主人公であるエーミルとやかましむらの子どもたちが住んでいました。

（13）（Anna-Clara Tidholm, 1946～）父、祖父、叔父とも作家という家系で生まれました。ストックホルム大学で文学史を学び、イラストは独学で学んだと言います。数多くの児童文学賞を受賞。代表作に、『たたいてみよう』（ひしきあきらこ訳、ほるぷ出版、一九九五年）というシリーズがあります。

テイドホルムは、燃料や家屋、垣根といった人間がつくるものの資材を森が提供してくれるかについて説明をしています。また、森からは、人間だけでなく動物も食料を得ることができます。彼女は次のように続けています。

昔、野生の森では警戒をしなければなりませんでした。そこには、人々の隙を狙う泥棒が潜んでいるかもしれません。また、トロール[14]、山賊、こびと、そして時には姿の見えないものが道を分からなくさせ、人々を迷子にしてしまうのです。たくさんの不思議な出来事が森で起こるかもしれません。長くて暗い冬の夜には、そのような体験談を人々は語り合ったりしました。［参考文献92・11ページ］

多くの古典的な童話は、森の中が舞台となっています。たとえば、『ヘンゼルとグレーテル』、『三びきのくま（Goldilocks and the Three Bears）』、『赤ずきん』、『白雪姫』といった話が挙げられます。童話を精神力学的に解釈すると、森にはしばしば、成長するプロセスにおいて乗り越えていかなくてはならない「障害物」という象徴的な意味が与えられています。

おとぎ話では、精神面の移り変わりが絵のなかで描き出されます。主人公がいかなる解決法も見いだせないほど深刻な問題に直面したときには、深い森の中で迷子になり、どちらに進めばいいか分からず、森から出る道が見つからないと思い込んでしまうような場面が語られています。［参考文献1・186ページ］

野外教育への高まる関心

ここ数十年の間、就学前学校および学校での野外教育への関心がスウェーデンで高まっています。野外教育は、通常の学校では授業の一部として行われている場合と、野外教育を特徴として明示している就学前学校や学校で行われている場合があります。ほとんどの野外教育は、野外生活推進協会（八ページの**訳者コラム1**参照）が認証している「雨の日も晴れの日も」といった活動のもとで行われています。「雨の日も晴れの日も」の活動については、第3章で詳しく説明を

(14)　北欧の民話に登場する森の妖精です。国よって、その容姿や生活様式が異なっています。クリスマスに登場する、農家の納屋に住んでいるトムテとは違います。スウェーデン国内でも、地方によっては巨人のトロールがキリスト教によって追われたという話が伝わっています。トロールは、画家ジョーン・バオウの絵に描かれたり、映画やテレビのシリーズなどに登場しており、現在、昔の怖いイメージから親しみやすい存在となっています。

します。野外教育を提供しているそのほかの活動として、「自然学校（Naturskolan）」というものもあります。スウェーデンで最初の自然学校は一九八二年に開校しましたが、現在では八五校以上にもなりました。

自然学校にはさまざまな方向性がありますが、すべて「野外で学ぶ」ということをモットーにして活動しています。独立した学校という形態ではなく、学校や就学前学校の児童が野外教育に参加するために通うことのできる拠点としての機能を果たしています。

また、自然学校のほうから学校や就学前学校を訪問して、園庭や地域の環境で活動を実施することもあります。その目的は、野外教育のアプローチを就学前学校や学校活動の一部として取り入れてもらうことにあります。それゆえ、学校の教員に対して、野外教育の研修を直接提供するといったことも行われています。

さらに言及しておきたいもう一つの形態として、近年、スウェーデンの学校において定着してきた校庭での活動があります。とくにガーデニングは、他分野の学習の助けとなり、教室での教育をより豊かなものにすることに貢献しています。

「教室での机や家具などの配置や物理的な環境全般に加えて、校庭や屋外環境もまた、学校の教育的なインフラをより変化に富んだものにしてくれる」と、スウェーデン農業大学の上級講師で、ランドスケープ研究家のオーケルブロム（Peter Åkerblom）は、自らの研究論文「園庭から学ぶ」

のなかで述べています［参考文献104・97ページ］。

さらに野外教育は、いくつかの大学においては教職課程の一部ともなっています。たとえば、リンショーピン大学に付属している国立野外教育センター（Nationellt centrum för utomhuspedagogik：NCU）は、野外教育に関する研修と調査を実施しています。

自然環境で過ごすことや野外教育が、子どもたちの学習や発達にどのような意味をもつのかについては多くの考え方がありますが、第2章と第5章において、野外生活推進協会の記録、「レインボーゲン野外就学前学校」の保育者および保護者へのインタビュー、そして調査などから得られたものを紹介していきます。

子どもが野外で過ごす時間は徐々に減っている

野外教育の関心は高まっていますし、スウェーデン人の多くの親が子どもは外に出るべきであると考えているにもかかわらず、現在の子どもたちは、かつての世代の子どもたちに比べて外に出ている時間が少ないということが統計によって明らかとなっています［参考文献49・76］。

一般的にスウェーデンでは、長きにわたって住み続けてきた人々の割合が多い地域に居住している裕福な家庭の子どもたちのほうが、移民の割合が多い地域に居住している低所得の家庭の子どもたちに比べて自然環境での経験が多いという傾向があります［参考文献76］。都市化をはじめとした社会的な変化が、大人の付き添いなしに子どもが屋外で過ごすという時間を減らしてしまっているのです。

これは、西欧社会に共通して見られる傾向でもあります。社会的な危険があるという状況、道路の状況、商業化などによって子どもたちが屋外で動いたり、近所を探索したりする可能性を制限してしまっているのです［参考文献8・40］。悪い言い方をすれば、世界に名だたる福祉国家では、子どもたちは社会から隔離された場所、もしくは大人によって管理されている場所にしか居場所がないという状態になっているのです［参考文献66］。

それ以外にも、子どもの野外遊びの時間を減少させる要因として、子どもたちがテレビやパソコンに魅了されて多くの時間を費やしてしまっていること、そして自由遊びの時間がスケジュールの決められた活動に取って代わってしまったことなどが挙げられます［参考文献53］。

本書の研究について

本書の根底にある研究の目的は、「雨の日も晴れの日も」という教育法に取り組んでいる就学前学校において、子ども、保護者、職員が自然について何を話し合い、どのように利用しているのかについて調べることです。本研究では、長期にわたる活動の観察調査と多くの異なるデータ収集手法といったエスノグラフィー（ethnography）(15)のアプローチを採用しました。この研究を完成させるために、二〇〇六年八月から二〇〇七年六月までの一学年度を費やしています。

自然環境の中で、一年を通して起こる変化が重要な出発点となるため、私はすべての季節の活動を調査対象にしました。収集されたデータは、観察（ビデオ撮影「あり」と「なし」の両方）、会話の記録、子どもたち・両親・職員へのインタビューに加えて、写真と現場の記録などに基づいて構成されています。この研究によって、子どもと大人の両方が自然に対してどのように意味をつくり出しているのかについて、さらに興味をもつことになりました。

事実、エスノグラフィーによる手法のほうが、インタビューなどよりもデータの創出に子どもが積極的に寄与する可能性が高いと論じている研究者もいるぐらいです［参考文献41］。自然環境の中で行われたエスノグラフィーの研究では、その場で起きていることが子どもたちにとってどのような意味をもつのかについて理解する可能性が高くなるのです。

子どもたちの集団を研究するツールの一つとして、ビデオカメラを挙げることができます。ご存じのように、多くの利点があります。カメラを使うことで、複雑な情報であっても詳細に記録

(15)　集団や社会の行動様式を、フィールドワークによって調査・記録する手法およびその記録文書のことです。

することができますし、何より、ジェスチャーや表情を捉えることができますので、ある出来事を理解する際にとても役立ちます。過去の出来事の記録をいつでも見ることができますし、初回では見逃していた事柄を発見することもできるからです。

このように、ビデオカメラには多くの長所があるわけですが、その一方で短所もあります。たとえば、撮影する角度やシーンを選ぶ必要があるといったことです〔参考文献37〕。

私の使用したカメラは、ディスプレイ付きの携帯できるものでした。そのため、森の中を動き回る子どもや大人を追いかけながら撮影することができました。ビデオカメラを使うことの倫理的な問題といえば、撮影されることを嫌がる子どもがいるかもしれないことです。子どもたちを前にして、調査の初めにプロジェクトについて説明をし、彼らが遊ぶ様子を撮影したいと伝えました。と同時に、「撮影されたくないときは、そのように言ってください」とも伝えています。

本研究は、より大きなプロジェクトの一部となっています。そのプロジェクトについては、『Naturen som symbol för den goda barndomen（よき子ども時代の象徴としての自然）』という本に掲載されています〔参考文献34〕。プロジェクトの目的は、スウェーデンにおける子どもと自然の結び付きについて問題提起をし、理解を深めることでした。

何をもって「自然」と言うかについては、確かなものがありません。従来、自然の概念は「人の影響を受けていないもの」とされてきましたが、もはや今日ではそのような考え方は通用しません。直接的にせよ、間接的にせよ、気候を通してすべての自然環境が人間の影響を受けてしまっているわけですから。

一つの答えとして言えることは、異なる環境には異なるレベルの自然が存在するということです。本書では、自然もしくは自然環境とは、風よけの小さな小屋や木の枝で造られた小屋を例外として、建物がない環境や樹木・茂み・山地などといったいわゆる自然の地勢を有する環境である、という概念を採用しています。

本書の構成

本書では、子どもと保育者が自然環境をどのように利用しているか、また自然に対してどのような考えをもっているかについて論じていきます。そこで、参加者の認識、つまり子どもと大人が「雨の日も晴れの日も」の認証を受けた就学前学校で生活するなかで、どのような意味を見いだしているのかについて説明したいと思います。と同時に、研究者としての好奇心をもって、彼らの活動を異文化として描写し、理解するべく努力したいとも思います。その理由は、子どもや自然に対する日常認識の背後に、いったい何があるのか知りたいからです。

第2章では、子どもの発達および学習にとって、野外に出ることが何を意味するのかということについて説明していきます。第3章では、野外生活推進協会より「雨の日も晴れの日も」の認証を受けている野外就学前学校で行われる活動の全体像を描きます。とくに、その具体的な事例として、「レインボーゲン野外就学前学校」でどのような活動が行われているのかについて述べていきます。

第4章では、「レインボーゲン野外就学前学校」がよく使っている自然環境が、活動の場としてどのような重要性をもっているかについて述べます。第5章では、自然環境が学習の場としてどのように機能しているかを示します。そして第6章、第7章、第8章では、自然環境（とくに森の中）において、子どもたちの遊びについて異なる視点から論じます。また、第6章では自然物や環境が子どもの遊びのなかで利用されている事例を示します。さらに、第7章では森の中の子どもの象徴的な遊びについて、第8章では子どもの遊びをジェンダーの観点から論じます。

最後に第9章では、自然との触れ合いが今日の子どもたちにとってどのような重要性をもつのか、また「通常の」就学前学校に通う子どもたちにも自然環境の中で過ごす機会が得られるようにするために、野外生活推進協会および「雨の日も晴れの日も」の経験がどのように活用できるのかについて論じていきます。

第2章

なぜ、野外教育なのか？

本章では、「雨の日も晴れの日も」の資料や、「レインボーゲン野外就学前学校」の保育者や保護者とのインタビューから、なぜ野外教育を推奨するのかについての議論を説明したいと思います。そして最後に、子どもが野外で過ごすことの効果に関する調査を取り上げます。

野外で過ごすことを推奨する議論

ここでは、自然環境、とにかく野外で過ごすことがいかなる点で子どもに有益であると「雨の日も晴れの日も」が主張しているのか、そして、野外教育そのものにどのようなメリットがあると考えているのかについて説明していきます。まず、「雨の日も晴れの日も」によって出された刊行物を参考にして、私なりの主張をまとめました。

具体的に参考にしたのは、野外生活推進協会が発行した『Grundbok för Friluftsfrämjandets I Ur och Skur verksamhet（雨の日も晴れの日も基礎教本）』［参考文献99］（以下、基礎教本）、『I Ur och Skur Metodbok för förskola（雨の日も晴れの日も——野外就学前学校のための教授本）』［参考文献101］（以下、教授本）です。

また、私は以前、「レインボーゲン野外就学前学校」の

『教授本』の表紙

『基礎教本』の表紙

保育者や保護者が、子どもが野外で過ごすこと、また野外教育についてどのように考えているのかについて報告書をまとめました。そこには、「自分の子どもが自然の中で過ごすことについて、どのような点が重要だと思いますか？」などといった野外活動の利点に関する質問に対して、どのような回答があったのかについても記載しています(原注1)。

喜びと楽しみ

右に挙げた刊行物で強調されていることは、野外で過ごすことの楽しさです。自然は多様性と美しさにあふれています。野外で過ごすことは、太陽のもとでスキーをしたり、山登りをしたりといった楽しい感覚的・身体的な経験を提供してくれます。自然環境の中では、子どもも大人も解放感と仲間意識を感じることができるのです。そして、遊んだり楽しんだり、ワクワク感や冒険心といったものを経験することができます。

インタビューのなかでは、何人もの保育者が、自然環境は仲間意識を感じさせてくれるという具体的な場面を語ってくれています。そこでは、自然体験を共有することが重要な要素となりま

（原注1）　本章での保護者対象のインタビューは、以前発表した論文集［参考文献108］からの引用です。

す。インタビューに応じてくれた保育者のクリスティーナは、森を後にする直前まで、子どもたちは草の上に腰を下ろして歌を歌っていたと話してくれました。彼女は次のように言っています。

「森の中の日当りのよい場所で、友だち全員と歌を歌うというような自然体験は、深く記憶に刻まれるものです」

健康で、活発で、そして強い子ども

『基礎教本』では、野外活動を行うことで子どもの身体が鍛えられ、野外環境がもたらすあらゆる運動によって健康状態が保たれるという効果がある、と述べられています。子どもたちは、日々身体を動かし、日光を浴び、外気に触れることで、自然な形で空腹や疲労を感じることになります。これによって、活動・睡眠・食事といった概日《がいじつ》リズム（体内時計）と、規則正しい生活習慣を保つことができます。また、野外では感染症が屋内ほど広がらないので、子どもたちはより健康でいられますし、騒音やケンカが屋内よりも少ないためにストレスのレベルも低く抑えられるという利点についても強調されています。

自然環境はその多様性から、「自分に合った」レベルのチャレンジ方法を選ぶことができるため、自らの身体的な能力に自信をもつようになります。保育者であるサンナは、「野外には、すべての子どもにちょうどよいチャレンジがある」と言ったうえで、次のように続けています。

「自然は、あらゆるレベルのチャレンジを提供してくれます。何か特別な環境を構成する必要はありません。高く登れる木もあれば、大きな岩や小さな岩を選んでジャンプすることだってできるのですから」

現在は「レインボーゲン野外就学前学校」の保育者で、以前は「普通の」就学前学校に勤務していたアンナも次のように言っています。

「野外で常に活発に動いているとき、子どもたちは自分の身体を感じることができます。彼らは、自分の腕がどこにあり、足が

自然は、さまざまなレベルのチャレンジを提供する

どこにあるかについて、かつて私が市街地で教えていた子どもたちとはまったく違った方法で認識しているのです。この事実には、とても大きな差があると言えます」

また彼女は、彼らはほかの子どもたちより健康的であるとも言っています。

「少しではありますが、より健康だと言えるでしょう。ほかの子どもと同じく病気にはなりますが、快復が早いような気がします。もちろん、鼻水を垂らすこともありますが、野外ではそれほど気になりません。子どもたちの残りの人生も、健康で、より抵抗力がある状態を保って欲しいです……とにかく、そう信じたいと思います」

サンナは、野外に出ると気持ちがいいと言います。先日、彼女は講習会において終日室内にいて、椅子に座ったままという状態でした。外に出てきたときにはとても疲れを感じたそうですが、野外にいる日には感じたことがないような体験だったそうです。彼女は日光のせいだと言っていますが、このことは子どもにも十分当てはまると考えています。

野外で過ごすことが運動能力の向上と健康によいという推論は、保護者にとっても重要な意味をもっています。ほとんどの保護者が、「野外で長時間過ごすことは子どもの健康によい」と述べていますし、外気は子どもにとって有益であり、長時間野外にいることは健康を維持するためにもよいと考えています。

ある父親が、「雨の日も晴れの日も」の認証を受けている就学前学校は、通常の就学前学校よりも子どもの病欠が少ないという結果を示した調査について言及しましたし、ある母親は、感染症のリスクは屋内よりも少ないこと、そして何人かの保護者が「野外就学前学校のほうがアレルギーになりにくいと考えている」と述べています。また、多くの保護者が、森の中で過ごすことによって子どもたちの運動能力が向上すると考えています。

ある父親が、自分の子どもを「レインボーゲン野外就学前学校」に入れるという決断に至った理由について話してくれました。近所に住む人が、子どもの友だちを招待して、自然が豊かな庭で誕生日パーティを行ったのですが、そこに「レインボーゲン野外就学前学校」から大勢の子どもたちが来ていたようです。

「レインボーゲンの子どもたちが森の中で遊んでいるとき、どのように身体を動かしているのか私は見たのです。彼らの走り回る姿はまるで流れる水のようで、丸太や岩の上を駆け抜けていきました。このときに受けた印象はとても強いものでした。彼らの動きが、いかにしなやかであるかを直接目にしたのですから。彼らは、まさに『森の子どもたち』でした。それを見たとき『すごい！』と感じ、自分の子どももレインボーゲンに入れようと決めたのです」

子どもたちが屋内に比べて屋外のほうがより身体を動かすことを、保護者は当然のように考えています。野外には広々とした空間があり、子どもたちは「走り回る」ことができる、と父親たちは表現していました。また、ある母親は、「普通」の就学前学校に通う友だちよりも自分の娘のほうが運動能力は発達していると述べています。

「彼らは厚着していて動くことすらできないけれど、娘はとっても身軽で、飛び跳ねたり、登ったり、とっても強いのよ」

さまざまなスポーツ活動に参加しているある家族の父親は、以前レインボーゲン野外就学前学校に通っていた男の子について、「この就学前学校に通っていたため体力も優れており、協調運動の能力も高く、身体も強くなっています。もちろん、ランニングや体操においても、理想的な基礎力となっています」と語っています。

一方、ある母親は、一番下の息子が二歳半だったときにプロバンスまで家族旅行に行き、そのときに息子がどのくらい歩いたかについて語ってくれました。聞くところによると、かなりの距離を歩いたそうですが、それについて彼女は、「この就学前学校にいたからできたことだと思います」と話していました。

別の保護者は、運動機能の発達の遅れが見られる子どもにとって、刺激を受けることはよいことであると考えていました。また、粗大運動能力（全身を使った運動）の発達が遅れている娘をもつ母親は、野外遊びから多くのメリットを受けているとも言っています。

「登ったりジャンプしたりといったすべてのことが、彼女にとってはとてもよいのです」

　ほかの保護者も子どもたちの粗大運動能力が向上したと述べていますが、その理由として、「子どもたちは、そもそも運動を大いに必要としているのです」と言っています。

心の平穏

『基礎教本』は、自然環境で過ごすことによって精神的な効用があるとも述べています。また、野外ではストレスが軽減されることが強調されています。このような推論は、私が出会った保育者たちの多くからも聞くことができました。その一人であるサンナは次のように言っています。

「ただ野外にいるだけで、自然そのものが、じっくりと考える時間と落ち着きをもたらしてくれるのだと思います」

　もう一人の保育者であるビルギッタは、「森に入るまではストレスを感じることがありますが、いったん森に入ってしまうと穏やかな気持ちになります。これは、自然環境と関係があります」と語ったあと、次のように言葉を続けました。

「子どもたちに、息をつける空間を私たちは与えていると思います。もちろん、多少ストレスを感じる子どももいるでしょう。リュックにたくさん荷物を詰め込まなくてはならないし、遅刻してくる保護者がいる場合もありますから、なかには少しイライラする子どももいることでしょう。しかし、そのあと野外に出て腰を下ろすのですが、外に出るだけでそんなイライラが解消するのです。これは、自然のおかげ、としか言えません。ナラの木の下に座った途端に居心地のよさを感じ、気分もすっきりします。小鳥がさえずり、ウサギが駆け抜けてゆくのです」

　サンナの次の言葉も、非常に興味深いものと言えます。彼女は、時間管理や異なる活動への移行にともなうストレスの多くを、森の中ではまったく感じないと言っています。「時計を見ながら働く必要がないのです。一日の流れがスケジュールどおりである必要がなく、それが落ち着ける要因となっています。一つの活動から次の活動へ移るという、いわゆる就学前学校で『移行』と呼ばれるものがないのです。この点が、もっとも素晴らしい点だと思っています。そこにいるのは自分たちだけですし、調理するのも自分た

自然環境では、静思する場所と余裕がある

ちなのですから、昼食が午後一二時四五分であろうと、一時であろうと問題はないのです。まったく違った概日《がいじつ》リズムになります。このことがもっとも良い点だと思いますし、より自由に感じる点でもあります。さらに、一日が分断されることがありません。子どもたちは、より多くの時間を遊びに費やすことができます。ずっと長く遊んでいることができますし、私たちにも多くの時間が生まれますので、子どもたちとたくさんの活動ができるわけです」

サンナはまた、野外環境には室内環境のような押しつけがましいところがないため、リラックスできると感じていました。

「たまにほかの就学前学校を訪問し、一つの部屋に入っていくと、圧倒されるようなさまざまな事柄でぐったりとしてしまいます。それに比べて、自然は落ち着きをもたらしてくれますし、ストレスから解放された環境を与えてくれます。これこそが、とても重要なことだと思います」

一方、ビルギッタは、従来の就学前学校ではさまざまな理由で学業が難しいとされてきた子どもたちの受け入れに関しても、「レインボーゲン野外就学前学校はうまくいっている」と言います。その理由として、保育者が優秀であるという以外に、野外環境そのものが落ち着きを与えてくれるからだと言っています。

「少し問題を抱えている子どもたちは、自然の中で過ごすことによって心の平穏を取り戻し、混乱した気持ちを整理するための時間をもつことができるようです」

また、ある母親は、自然環境に身を置くことで自分自身も精神的に健康な状態でいられると語ってくれました。「私は、すべてのものが目の前にある状態ではなく、遠くを眺められることが精神的によいと思っています」と、彼女は話していました。

同じことが、聴覚など、ほかの感覚器官についても言えます。

「野外で聞こえる音も同じです。うるさく感じることはありません」

彼女は、自然環境の中で本来の力を取り戻すことができると信じており、そのこと自体、彼女にとって大きな意味をもっているようです。イライラしたり、悲しい気持ちがしたときには、森の中を散歩するのがよい治療法になると彼女は言っていました。

遊び、想像力、創造力が促進される

「雨の日も晴れの日も」の活動では、遊びが重要な地位を占めています。というのも、遊びこそが意欲を高め、学習効果を高めると考えているからです。野外環境によって子どもたちは室内にいるときよりも活発になり、より生き生きとして、より創造的になると信じられています。自然環境には広い空間と豊富な素材があり、四方を壁にふさがれているという制約もありません。一人になりたいと思えば離れたところにいればいいし、子どもたちは競争する必要がないのです。自然の素材は、全員に行きわたるほど十分にあるだけでなく、無料なのです。多様な環境があるので、子どもたちは自らの遊びに適した場所を選ぶことができます。季節の変化に応じて野外環境も変わるため、新しい遊びのインスピレーションも湧いてきます。自然の素材は既製品のおもちゃのように遊び方が決まっているわけではありませんので、想像力や創造力をかき立ててくれます。

また、自然環境には誘導されるということもありませんので、子どもたちは想像力を働かせて、周囲にあるものからインスピレーションを得ることができます。もちろん、片づける必要もありませんので、集合したり、食事をしたあとでも簡単に遊びを再開することができます。

保育者も、自然環境が子どもの遊びにはよい効果があると説明しています。ビルギッタは、野外にいるときのほうが子どもたちは仲良く遊ぶと考えています。空間があることと、子どもたちがブランコなどの遊具をめぐって争う必要がないということがその理由です。

「子どもたちは、野外では仲良く遊ぶことができます。数多く存在する場所のなかで、そのような光景はそう見つけられるものではありません。もし、屋内で遊んでいれば、同じような光景を見ることはないでしょう。子ども同士でいろいろと小さなケンカが起きますし、そのたびに仲裁に入らなければなりません。屋内では、玩具をめぐって対立が起きやすいうえに、競い合いまで起きてしまいます。けれども、屋外に出てしまえば、全員に遊ぶものがあるので問題が起きないのです」

サンナも、まったく同じことを言っています。

「子どもたちは、玩具をめぐってケンカをしなくなります。松ぼっくりは一〇〇〇個以上ありますし、小枝だって一〇〇〇本以上もあるのですから。壁が物理的な境界になってしまう室内とは違って、野外には動き回れるだけの広い空間があるのです」

玩具を野外に持っていくということはありませんので、子どもたちには空想する余地が生まれます。子どもたちが森の中でよく遊ぶようになると、次のような場面が見られるようになるとアンナは言っています。

「……もちろん、すべてが何にでも変身します。棒切れがあらゆるものになるのです。たとえば、スーパーのレジになったり、犬になったり、サーフボードになったりといったように。車だの何だの、たくさんの玩具を森に持っていくわけではありませんので、子どもたち自身が見つけることになるわけです」

一方、サンナは、一般的な玩具と違って、自然の素材はあらかじめ遊び方が決められていないため、子どもたちの想像力が促進されると言っています。

「使い方が決まっていない素材は、子どもたちの想像力をかき立て、自分のレベルにあったチャレンジを提供してくれます」

多くの保護者は、子どもたちが自然環境の中で遊ぶことによって、想像力と創造力を大いに発展させることができると考えています。森の環境そのものや、季節の移り変わり(1)にともなう自然の変化やさまざまな種類の明るさといったものが、想像や遊びの刺激になるものとして挙げられました。室内や園庭とは異なり、遊び方を決めてしまう環境や玩具の要素が存在しないことも、創造性に関係していると考えています。

ある保護者は、庭と違って森の環境は人為的につくられたものがないので、子どもたちが好奇心や創造力をくすぐ

(1)　スウェーデンでは、夏は白夜で冬は日照時間が極端に短いため、季節によって明るさにバリエーションがあるという意味です。

自然の変化が遊びにインスピレーションを与える

られるものを見つけることができると指摘していました。別の母親は、森という環境では、流行の玩具がなくても、つまりおもちゃなどがなくとも想像力が刺激されることによってあらゆるものが何にでもなり得る、と考えていました。

　私がインタビューをしたときのことですが、娘がこの就学前学校に通いはじめてまだ二～三日という母親が次のように述べていました。

「私の娘は、以前から想像力が豊かであると思っていました。しかし、この二～三日で、彼女の想像力はさらに伸びたのです。小枝に紐がついたものを持って帰ってきたのですが、それを『子犬だ』と言うのです。そういえば、次の日は紐のついた小枝が釣り竿になっていました。彼女たちは森の中でサーフィンをしたり、釣りをしたというのです。このように、自然に存在するものが想像力をかき立てるわけです。実に、素晴らしいことです」

社会性および情緒面での鍛錬

『基礎教本』は、野外活動は子どもの社会性の発達にとってもよい機会を提供している、と強調しています。つまり、子どもたちは、協力することについて練習することができるのです。他者がどのような考えをもっているのかについて考え、そして助け合うことになります。ともに困難を乗り越え、助け合い、野外で食事をともにすることによって社会的な連帯感が強まるのです。

空間と自然素材が全員に行きわたるだけ豊富に存在するため、野外では争い事が少なくなります。ある保育者が、野外教育の社会性に対する効果の例を挙げています。

「野外で腰かけて、ピクニックランチを分け合うという楽しみは、ずっと記憶に残るものです。サンドイッチが足りなくて相手が分けてくれたときの光景が、素晴らしい社会的な絆を育むことになります。しかも、自然な形で助け合うことができます。たとえば、誰かの足が濡れてしまって替えの靴下がなかったとしても、靴下を持っている人から借りることができますし、ある小さな子どもがリュックサックを一人で降ろせないときには、隣にいる仲間が助けてくれるのです」

保育者のビルギッタは、子どもたちが玩具や場所をめぐって競うときに起きるケンカや攻撃的な行為を避けること自体が、社会的な相互作用にとってはとても大きな意味をもっていると言います。

「自然の中にいるとケンカが少なくなるので、当然、子どもたちが攻撃的になる状況も少なくなります。そのような状況を子どもたちが避けることができるのは、とてもよいことだと思います」

さらに彼女は、遊びの輪のなかに入れないという、「仲間外れ」にされるリスクも野外では少なくなると考えていました。言うまでもなく、自然の中では閉め切ってしまうドアもなければ、遊びの材料の数にも制限がないからです。

「だからこそ、私は野外教育というものは素晴らしいと思っているのです。部屋やドアがあり、素材にも制限のある従来の就学前学校に比べて、仲間外れになるといった状況が少なくなるのですから」

自然を通して得る自然に関する知識

『基礎教本』は、子どもたちの感覚と感情が活発になる体験と、経験に基づいた学習をするためのよい機会を野外環境が提供してくれている、と述べています。そのため子どもたちは、従来の教育法よりも集中して、意欲面においてもより高くなるというわけです。これらについて詳しいことは、野外での学習を扱った第5章で述べることにします。

自然環境の中で過ごすと、子どもたちは植物や動物の名前を学ぶようになります。保育者の助けを得ながら子どもたち自身で探求することができますし、発見や質問によって、彼らの好奇心が高まるのです。また彼らは、全体像と過程の両方を理解することができるようにもなります。たとえば、コンポストや栽培といったことに参加することで、具体的な形で自然循環を理解するようになるのです。さらに子どもたちは、野外生活についての知識を得ることができます。たとえば、気候に適した服を着る方法などや、自然環境において難なく過ごす方法を学ぶわけです。「自然享受権（次ページの**訳者コラム3**を参照）のことや、自然や動物を大切にするといったこともこのような機会に学ぶことになります。

野外環境は、異なる活動ができる小さな部屋を数多く提供しているとも言えます。そのため、邪魔にならない形で多様な活動をお互いに展開することができるのです。また、創造的な活動、遊び、算数で使えるような素材もたくさん存在しています。学習面での野外環境の重要性を強調している保育者のサンナは、経験に基づいた学習方法によって知識が記憶として残ると述べています。

「私は、経験に基づいた学習方法がよいということを確信しています。自然の中では、常に何かを経験することになるわけですが、この繰り返しが知識を定着させてくれるのだと思っています。そして、これこそが非常に重要なことだと思っています」

続いて彼女は、自然素材がいかに算数の勉強に活用できるかについて、例を挙げて説明をしてくれました。

「長い、短い、広い、狭い、厚いといった概念については、『あなたの親指より長い小枝を探してくるように』と言ったりしています。すると、野外にいることによってこういった概念が理解できるようになるわけです」

訳者コラム ③

自然享受権（Allemansrätten）

スウェーデンでは、私有地であったとしても森に入って散策したり、湖でカヌーに乗ったり、登山やロッククライミングをしたりすることができます。森では、数日間なら許可なくテントを張って野宿することが可能ですし、野の花やベリーやキノコの採取もできます。また、岩盤の上でたき火をしないなどのルールを守れば、小さなキャンプファイヤーもできます。これを「自然享受権」と言い、スウェーデン文化のなかにおいて重要な部分を占めています。

かつては、この慣習のおかげで、土地をもたない貧しい人々でも所有者が採取したあとに残るベリーやキノコを食糧にすることができました。現在は、都会に住む人たちのレクリエーションや国民の健康維持に貢献しています。とはいえ、権利と共に義務が伴います。それは、土地の所有者と自然に配慮することです。以下がその例です。

- 庭や畑、耕地は通らない。そこに栽培されているものは採らない。
- 自然環境に車やオートバイを乗り入れない。
- 空気が乾燥したり、強風のときは火を焚かない。
- 木や低木を傷つけない。
- ゴミを捨てない（空き缶、ガラス、プラスチックなどは動物や人を傷つけるリスクがある）。
- 狩りをしたり、動物を傷つけてはならない。野鳥の卵を捕ったり、巣やヒナを触らない。
- 湖や川で釣りをする場合は許可を取る。
- 野生動物を傷つけないため、３月１日から８月20日まで森の中で犬の散歩をする場合は必ず首輪を付ける。
- 国立公園や自然保護区には特別に守るべき重要な自然があるので、より厳しい規則が設けられている。そのような場所には標識が掲げられているので、その規則に従う。

一方、マーリンは、子どもたちは自身の経験を通して多くのことを学んでいると言っています。「(子どもたちは) 自分自身でも、とてもさまざまなことを学んでいます。実によく、です。たとえば、根っこがしっかり張っていることや、岩がとても重いことなどを常に学んでいるのです。それから、友だちからもよく学びますし、間違いからも学びます。木の枝は折れることもある、といったように」

多くの保護者は、子どもたちが自然についての知識を得ていることが素晴らしいと考えており、時には、保護者よりも多くのことを子どもたちは知っているとも言います。ある父親は、そんな例として、三歳の息子からドングリとトチノキの実の違いを学んだことについて話してくれました。

「よく分からずに、私が『ほら見て、ドングリだ！』と言ったのです。すると息子が、『違う、違う、パパ。これはドングリじゃなくてトチノキの実だよ！』と言ったのです」

別の父親は、「工業製品に対して興味をもつことは自然ではないし、望ましいことでもないと」と言っていました。また彼は、自然の中に存在するものに興味をもつほうがより好ましいことであり、価値のある知識を提供してくれるものであるとも言いました。

この父親は、子どもが自然環境の中で過ごすことによって、「自然に対する洞察力、また、自然界がどのように機能しているかについて洞察力を得ることができる」と考えています。何人かの保護者も、同じような見解を述べていました。ある母親が、自然がどのような過程を経ているのかについて、「じっくり考えるといった習慣が身につく」と言っていました。また彼女は、レインボーゲン野外就学前学校に通うことで、学校に上がったときに子どもたちが学ぶことになる自然科学の基礎が得られるとも考えていました。

「基礎学校に入学するころには、彼らは自然のあらゆることに関してとてもよく知っているでしょうし、植物や動物に関してもそれは同じでしょう。そう、基礎学校に上がるときには、すでに物事がどのように関係しているかについてもよく知っていることでしょう」

これらのコメントには、単に事実を学ぶということではなく、プロセスが理解できるようになるという意味が含まれています。それを証明するように別の母親は、自分の娘がよく注意を払うようになったと感じていました。詳細を記憶し、質問をするようになったと言います。「この花はなんていうの？」とか「これ食べられる？」といったようにです。

さらには、知識というものは「自然な」形で身につけることが重要であると考えられているようです。ある父親は、自然の中で植物や動物に出合ったとき、自然な文脈で多くのことを子どもたちが学んでいると考えていました。彼は次のように言っています。

「私は、彼ら（保育者）がそのような知識について、子どもの前に立って、くどくどと説明しているとは思っていません」

一方、次のような意見も聞かれました。子どもたちが必要以上に正確な知識を得ることに対して、ある保護者は重要なこととしてとらえていなかったのです。生物の教師をしているある母親に、「自然についての事実を子どもたちが学ぶことは重要か」と尋ねたところ、次のような答えが返ってきました。

「いいえ、もっとも重要なことではありません。でも、楽しいでしょうね。それに、プラスにはなります。息子がシジュウカラのほかにアオガラもいることを学んでいたことは、もちろんとてもうれしく思いますし、息子自身もうれしかったことでしょう。でも、そのことがもっとも重要なことだとは私は思っていません」

環境意識と森への親しみ

野外生活推進協会の刊行物には、幼少期に培われた自然感覚はのちの人生にまで残るものであり、人生の質を向上させてくれるものであると同時に、環境意識をより高めてくれるという強い信念が示されています。

保育者も同じ見解を示しています。アンナは、以下の言葉で指摘しているように、子どもが自然について細部にまで注意をするようになり、ほかの子どもたちよりも小さな生き物を大切にするようになる、と言っています。

「子どもたちは、すべての基礎となる興味をもつようになると思います。いずれにせよ私は、子どもたちが興味をもつようになり、自然を大切にしなければならないということについて理解してほしいと願っています。多くの子どもたちが自然を大切に考えていることについては、日常を見ていれば分かります。子どもたちは、実にあらゆる生き物を見ているのです。クモ、ナメクジ、カタツムリ――それらに対して、ほかの子どもたちとはまったく異なる形で大切に思っています。このような感情を、生涯にわたってもち続けることになるだろうと思っています」

一方、ビルギッタは、「レインボーゲン野外就学前学校」に入園させたくて待機している保護者への説明会で、野外教育の最たる目的は、子どもが自然に対する感覚を得ること、また環境に対する意識をもつことである、と強調しています。さらに、知識はおまけとして付いてくるものである、とも強調しています。

「目的は、彼ら自身が楽しいと感じること、自然に対する感覚を得ること、大人になっても自然を守る気持ちと、野外に出ることが快適であるという気持ちをもち続けるようになってもらうことです。しかし、そのおまけとして、たくさんのことを知ることができます。彼らは、自然享受権についてとてもよく理解するようになりますし、鳥に関することや、動物たちがどのように越冬するのかなどについても多くのことを学びます。これらのことは、いわばおまけのようなものとしてついてくるのです」

ほとんどの保護者が環境の観点について言及していました。つまり彼らは、子どもたちが自然環境を大切にして、自然に対して敬意を示すことを学んで欲しいと考えているのです。また、多くの保護者が、具体的に何を意味しているのかについて例を挙げてくれました。それは、「ただ単に外に出ていって、自らの楽しみのために木の幹を折ったりするような子どもになってはいけない」というようなことや、「自然の中で、やっていいこととやってはいけないこと」を学ぶといったものでした。

多くのコメントのなかには、「ポイ捨て」に関することも触れられていました。ある父親が、「レインボーゲンへの行き帰りに、自分の子どもが頻繁に立ち止まっては地面に落ちている紙くずを拾い上げてゴミ箱に捨てるといった様子を見たのですが、それは素晴らしいことだと思いました」と言っています。また、ある母親は、自然に対する敬意は幼少のころに確立されるべきものであると考えており、そうすれば、「紙を一枚捨てただけでも、自分がとても悪いことをしてしまったと、確実に身体で感じるようになる」と言っていました。

環境意識はまた、自然に対して子どもたちが得る知識とも関係してきます。環境問題に関する分野で仕事をしているある父親は、自然に関する知識は、自然を大切にすることを学ぶためにとても重要であると言います。また彼は、ある生物学者が「生物学のリテラシー」について語るラジオ番組についても話をしてくれました。

「彼が次のように語ったことは、実に興味深いことでした。もし、それが何の種で、どのように呼ばれているかについて知らなかったら、また自然にまったく出掛けていなかったり、それほど頻繁に出掛ける機会がなかったら、自然環境が悪化していても気に留めることはないでしょう。もし、自然にあまり出掛けていなければ、ある種が絶滅しても、森林が破壊されても、川や湖が枯れてしまっても、肩をすくめるだけで済ませることができてしまうというわけです」

この父親は、自然を保護しようと思うためには、生態系のなかに存在する人間の位置づけについて理解している必要があると考えています。しかし、単に種や生態系に関する知識だけが重要ではなく、自然の中で過ごしたり、愛したりする習慣をもつことが大事であるとも考えています。彼は、自分自身のコミットメントを、自然の中で多くの時間を過ごしていた自らの子ども時代に結び付けて考えていたのです。

「自然に対する思慮深さの欠如は、自然を愛することを学ばなかったことが原因だと思います。私は、小さいころに『森のムッレ教室』に通っただけでなく、森のすぐそばに住んでいました。そのため、自分の森があったのです。このような環境が、深く自然を愛するようになったことに関係していると思います」

森の中で過ごすことが、息子にとっても「自然なことで、大切なもの」となってくれることが、この父親の願いでもあります。多くの保護者が、自然環境の中で過ごすという習慣を身につけ、森の中での遊び方を学んで欲しいと願っていることを語っています。ある母親は、息子が「自然との関係を築き、そこが自分の居場所であることを理解し、何か楽しいものであると感じてくれることが重要である」と考えていましたし、別の母親は、お弁当をリュックに入れて出掛けるといった野外生活に慣れ親しんでほしいと願っていました。

一方、別の保護者は、子どもたちが森の中で安心して過ごせることを学ぶ必要があり、もし慣れていなければ、森は怖いところだと感じるようになってしまうと考えていました。それ以外にも、息子たちが自然環境の中でたくさん過ごしたことで、「野外にいることが当然のことであると感じるようになった」と言っている母親もいました。彼女は、行ったことのない場所を家族旅行で訪れたとき、次のように感じたそうです。

「この夏に、初めて子どもたちとヨットでクルージングに行ったときのことでした。ある島に降り立って家族だけで過ごしたのですが、子どもたちは森の中と野原で安心したように過ごしていたのです。（子どもたちは）実に、自然環境と自然な関係を築いていたのです」

より男女平等な遊び

野外生活推進協会が発行している保育者養成のための『基礎教本』は、自然環境は屋内に比べてよりジェンダーに関して中立であると強調しています。なぜなら、あらかじめ遊び方を決めてしまうような、既製品の玩具や環境が存在しないからです。つまり、男の子も女の子も、野外遊びを通して逞しく、根気強くなれるというわけです。

何人かの保護者は、自然環境が娘たちを自由にしてくれると指摘しています。自然環境が女の子たちに、古典的なジェンダー観念にとらわれない方法で動いたり、遊んだりする機会を与えているからです。この要因となっている事実の一つとして、一日の大半を野外で過ごすためには丈夫な服を着せなければならないということが挙げられます。ある女の子の母親が次のように言っています。

「娘はまだ四歳なのですが、ほかの就学前学校に通っている友だちはすでに、毎日通う際、ピンク色の服やスカートなどといったものを着ることに夢中になっています。娘はといえば、そのようなトレンドには関心がないといった感じです。常に彼女は、『ヘリーハンセン』[2]の服とレインコートといった服装で、着ていく服に関してあまり悩むことがありません。娘がトレンドに関心がないということは、よいことだと思っています」

彼女はまた、自然環境によってジェンダーにとらわれない遊びができるようになるとも考えています。

「女の子たちは、人形のある部屋に一日中閉じ込もっているわけでもありませんし、男の子が恐竜を持って走り回っているわけでもありません。なぜなら、女の子も男の子も野外にいて、木登りをしたり、小屋をつくっているのですから」

この母親は、女の子だからという理由だけで、自分の子どもが野外で遊ぶことはよいことだと指摘しています。

「女の子だからという理由だけで、このような就学前学校に通わせるべきだと思っています。少し汚れても大したことはありません。泥を払って、遊び続ければいいのです」

（2）ノルウェーの商船隊の船長だったヘリー・J・ハンセンが一八七七年に立ち上げたブランドです。アウトドア活動のための、完全防水のウェアで有名です。

自然環境はジェンダーに中立的な遊びを提供する

もし男の子だったら、おそらく彼女はほかの選択肢を選んだことでしょう。「そうだとしたら、ほかの就学前学校に通っていて、座って、何か細かい手づくり作業に打ち込んでいるような男の子になっていたかもしれません」

別の母親は、自然環境は運動の機会を与えてくれるという点を強調していました。彼女は、女の子が運動する機会をもつことが重要であるということ、また自分の娘が勇敢であることを評価しています。

「女の子ですが、勇敢であるというのはよいことだと思います。つまり、じっとしているのではなく、身体全体を動かして、自分ができることを自覚していくということです。娘は怖がることもなく木登りをしますし、すべり台を滑るといったことをやりたがるのです」

以前、彼女は音楽の教師をしていましたが、四年生と五年生の女の子たちが身体を動かすこともなく、いかに硬くなっているかの様子を毎日見てきました。

「女の子たちは全体的に動きが鈍いのです。下半身、この部分（腰を見せながら）が、こんなふうに硬くなって座っているのです。音楽の授業をしているとき、彼女たちに歌わせようとするのですが、声がまったく出ません。そう、完全に硬くなって、ここにじっと座って笑みを浮かべていました。そして、周りで起きていることを観察しているだけなのです」

野外遊びは、女の子たちがスペースを使って身体を動かし続けること、そして自らの身体に対する意識をもち続けることに役立っているとこの母親は言います。それは、歌をうまく歌えるようになるということだけではなく、「何をする場合においても、たとえば人格形成にとっても大切な要素になります」と言っていました。

都会生活への対策として

子どもたちが都会で生活を送るにあたって、野外就学前学校はその「負の側面」を補うための選択肢と考えている保護者が大変多いです。ある母親は、私たちの生活文化では全体的に動くことが少ないため、野外で過ごすことで補うことができると言っていますし、別の母親は、今日の社会では、あまりにも屋内にいることが多くなりすぎていると言っていました。

「何といっても、屋内にいる生活環境となっています。一日二〇時間も家の中にいて、八〇歳まで暮らすことになるわけです。夏は時々窓を開けたりしますが、人と会うのも屋内、何をするにも屋内、これがごく普通の生活となってしまっているわけです」

今日の社会では、子どもたちだけで野外で遊ぶことが難しくなってきている、と話す父親もいます。この父親によると、野外就学前学校は子どもたちが屋外環境に滞在できる機会を与えてくれるから重要なのだ、ということです。

多くの保護者が、野外教育は商業主義と物質主義に対する対抗措置になると指摘しています。ある母親が次のように言いました。

「そうです！　近頃はあまりにも多くの物質があふれかえっており、次から次へと圧倒され続けているのです」

彼女は、たとえ高層ビルに住んでいても、子どもたちが自然を経験することには価値があると言います。別の母親は、自然は人間がつくったものではないがゆえに、その中で過ごすことで、まさしく落ち着きと癒しを得ることができると言っていました。

「自然の中に出掛けて、自然や有機的なものに心を満たされ、自然によってつくられたもののなかで身体を動かすほど気持ちのよいことはありません。その反対は、言うまでもなく街にいることです。すべてのものが人の手によってつくられています。まるで消費するように、と言わんばかりです。自然にとっては、私たちがそこに存在していようがいまいが重要ではありません。人間の存在に依存していないのが自然であり、自然が私たちに何かを要求することはありません。その事実が、信じられないほどの安らぎを私たちの心に与えてくれるのです。私は、自然の中にいると歓迎されているような感覚を覚えます。それでいて、去りたいときには去ることができるのです。誰からも、何からも、要求されることがありません。とても歓迎された雰囲気がそこに存在しており、私のための空間が存在しているのです」

研究者たちは何と言っているのか？

野外教育に対する興味が高まるにつれて、野外で過ごすことが子どもにどのような影響を与えるのかについて多くの研究が行われるようになりました。ここでは、健康、運動発達、認識発達、集中力といったことに関する研究について紹介していきます。また、幼少期に自然と触れ合うことが、長期的に見て環境意識にどのような意味をもつのかといった研究も紹介していきます。なお、野外教育と学習に関する研究については第5章で紹介します。

スウェーデンの研究では、パトリック・グラーン博士ら(3)が二つの就学前学校を比較し、異なる園庭で遊ぶ子どもたちを対象にして、さまざまな分野においてどのように発達するのかについて比較調査を行いました［参考文献30］。

（3）（Patrik Grahn）スウェーデン農業大学（Swedish Agricultural Sciences）の教授で、研究分野は景観計画および環境心理学です。本書で紹介された二つの就学前学校の比較研究の詳細は、『幼児のための環境教育――スウェーデンからの贈りもの森のムッレ教室』（岡部翠編著、二〇〇七年、新評論）に掲載されています。

一つの就学前学校は郊外にあり、生い茂る庭と森の一部が園庭としてありました。ここの子どもたちは、一日の大半を野外で過ごしています。もう一方の就学前学校は都市部にあり、囲われた園庭を住民と共有していました。園庭には、遊具、植物、芝生、歩道が整備されています。

グラーン博士らの調査では、郊外にある就学前学校に通う子どもたちのほうが、都会にある就学前学校の子どもたちよりも健康で、より運動能力が高く、より集中力があることが明らかになりました。

スウェーデンにおける別の研究では、緑豊かな環境が集中力を高める効果をもたらすことを明らかにしています［参考文献58］。この研究は、一一校の就学前学校に通う五・五歳から六・五歳までの、一九八名の子どもたちを対象にして行われました。樹木、低木、起伏のある地面をもつ野外エリアで遊んでいる子どもたちは、「集中力が欠如している」と分類される回数が少ないことを示していました。

また、「雨の日も晴れの日も野外就学前学校」での統計をもとにした研究では、病欠日数が従来の就学前学校よりも少ないことが分かりました。この結果に対する要因として、子どもたち同士があまり近くに接していないことから感染のリスクが少ない、ということが研究者によって明らかにされています［参考文献89］。

お隣のノルウェーの研究［参考文献20・21］では、自然環境にアクセスできる就学前学校に通う子どもと、「普通の園庭」がある就学前学校に通う子どもについて、運動能力の発達に関する比較が行われています。この研究では、自然環境で遊んでいる子どもたちのほうが後者のグループの子どもたちよりも、バランス感覚と協調運動における能力が優れていることが分かっています。

さて、スウェーデンのグラーン博士の研究では、緑地とか公園に行くことが大人にとっても安らぎとリラクゼーション効果をもたらすことが示されていました［参考文献29］。研究者たちの間では、同じことが子どもにも当てはまるだろうという予想が立てられていました。それゆえ、スウェーデン最南部の街、マルメ（Malmö）で行われたある調査は驚きに値するものでした。研究者たちの予想に反して、野外で過ごすことが幼児にとってはストレスになるという調査結果が示されたのです［参考文献90］。

調査チームは、三歳から六歳までの一六七名の子どもを対象としました。彼らは、九校の異なる就学前学校に通っており、それぞれ異なった時間数を野外で過ごしていました。それぞれの子どもたちがどれくらい野外で過ごしたかについては、歩数、唾液中のストレスホルモンであるコルチゾールのレベルを調べています。

結果は驚くべきものでした。野外でもっとも長く過ごしていた子どもたちは細身の体形をしており、夜に多くの睡眠をとっていたことは間違いないのですが、唾液中のコルチゾールのレベルがほかの子どもに比べて高かったのです。それも、年齢が低いほどそのレベルが高かったというのです。ちなみに、午前中のコルチゾールのレベルがもっとも高かった子どもたちは施設のない就学前学校に通っており、一日中、野外で過ごしていました（原注2）。

調査チームを率いたソーダーストロム（4）らは、この結果は心理的なストレスではなく、物理的なストレスであると結論づけました。小さな身体の子どもたちが長時間にわたって外で過ごすためには努力が必要とされるほか、とくに寒い日には洋服をたくさん着込まなくてはなりません。これらが理由で物理的なストレスが高くなるのですが、ストレスレベルは危険なほど高いわけではなく、それが有害なものかどうかについても定かではありません。

ソーダーストロムは、「ポジティブなストレス」と「ネガティブなストレス」を区別しています［参考文献88・88ページ］。ポジティブなストレスは、「生物学的身体に穏やかな影響をもたらすもので、心臓に小刻みな刺激を与えます。そして、血圧を上げて、血液中のストレスホルモンのレベルを上げるという特徴をもっている」と言っています。つまり、ポジティブなストレスは、健康を促進するために重要な役割を果たすというわけです。

結論として述べると、私がここで挙げた多くの研究が、野外という自然環境にいることが子どもの発達にとってはよい効果があることを示しています。しかし、そのよい効果が、野外で過ごすこととどのくらい関係しているのかについて証明することは難しいのも確かです。

野外という刺激の多い環境で過ごすことが子どもたちの健康によい効果をもたらすという理由

に関してですが、その重要なものの一つとして、身体面でより活発に動くようになることが挙げられます［参考文献88］。それ以外の研究においても、発達へのよい効果をもたらすことの原因が、野外で過ごすことに起因していると断定できる研究はほとんどありません。というのも、社会経済的な要因や教育方法による要因といったものが関係している可能性があるからです。

たとえば、自然にアクセスできる子どもは、そうでない子どもと比べて、平均してより良い経済状況にあると考えられます。というのも、経済状況のよい家族は、好んで緑地の近くに住む傾向があるからです。また、野外就学前学校に行く子どもによい効果をもたらした原因は、特定の教育法によるかもしれませんし、子どものために野外教育を選ぶという志向をもつ保護者特有の要因が存在していることも考えられます。

しかし、このような潜在的な起因によって説明できないような関係を明らかにする研究もいくつか存在しています。そして、そのような研究によって、やはりよい効果があることが示されています。

ある実験においてのことですが、自ら居住地域を決めることができない複数の家族が新しい土

（原注2）　朝早く来た子どもたちは、活動に使用される公園近くのアパートに集合することになっていました。

（4）（Margareta Sörderström）デンマークのコペンハーゲン大学の准教授で、家庭医学の研究者です。

地に引っ越してきました。すると、緑が豊富な地域を割り当てられた家族の子どもたちのほうが、より優れた集中力があったということです［参考文献97］。

原因となり得る所得や、その他の要因を排除した別の研究として、「ランドスケープ・人間健康研究所（Landscape and Human Health Laboratory）」で緑地空間と人間の健康について研究しているフランセス・クオ（Frances Kuo）とフェイバー・テイラー（Faber Taylor）が挙げられます［参考文献51］。彼らは、ＡＤＨＤ（注意欠陥・多動性障害）の子どもが、野外、とくに自然の要素の備わった場所で過ごしたあとに症状が軽減されたという報告を行っています。

そのほかの研究でも、ＡＤＨＤの子どもからなる対照群の比較が行われています。一つ目のグループは、公園内を二〇分間歩き、もう一つのグループは市街地を歩き、三つ目のグループは屋内で過ごしました。その結果、公園を歩いたグループは、集中力が投薬した場合と同じくらい向上したというのです［参考文献91］。

幼少期に自然環境の中で過ごすという機会のあった人は、大人になってから環境への意識がより高くなるということを示した研究がいくつかあります。ある研究［参考文献98］では、一八歳から九〇歳までの大人二〇〇〇人に対してインタビューを行い、一一歳までの幼少期の自然体験について、また現在の自然や環境に関する態度や行動について聞き取り調査を行いました。回答者は、アメリカ国内の異なる地域に住む都市部の住民でした。この調査には、年齢、人種、性別、所得、教育といった要因が含まれており、結果がそのような潜在的な変数によって左右されないように配慮されていました。

この研究によると、ハイキング、魚釣り、狩猟、キャンプ、自然環境での遊びといった「野生的な生活」経験をもつ人々は、自然環境で過ごすことと保護すること、またゴミの分別などといった環境に配慮する行動に対してポジティブな態度を取るという相関関係があることが分かりました。

また、花摘みや栽培などといった家庭的な自然活動の経験をもつ人々も、自然環境に対してポジティブな態度を取るといった相関関係が見られましたが、「野生的な生活」経験をした人々よりは、環境に配慮する行動という面では相関関係が弱いことが示されました。

さらに、保護者、兄弟、仲間と一緒に、もしくは学校活動の一環として自然環境の中に滞在した経験については、そのこと自体が、自然への態度に対してポジティブな影響を与えるとは考えられないという結果が出ています。事実、弱いものですが、ネガティブな相関関係すら見られたほどです。

この結果に対する研究者たちの議論では、インタビューの質問が、活動が押し付けられた、もしくは面白いものでなかったという考えを導いてしまった可能性がある、という指摘がありました。しかし私は、別の解釈があると思っています。それは、ただ自然環境に出るだけでなく、自然体験がポジティブなものになり、記憶に残るようにするためには、さまざまな工夫をして意義のある活動にすべきである、ということです。

これらの研究を総括すると、野外で過ごすことは子どもの健康と発達によい効果をもたらすと多くの研究が示しつつ、さらに多くの研究が必要とされている、と言えるでしょう。

第3章

「雨の日も晴れの日も」の認証を受けている「レインボーゲン野外就学前学校」

本章では、「雨の日も晴れの日も野外就学前学校」の目標と活動方法を説明します。また、私が調査を実施した「レインボーゲン野外就学前学校」を紹介します。

教育活動の一形態としての「雨の日も晴れの日も」

「雨の日も晴れの日も野外就学前学校」で行われている活動は、一九五〇年代以降から野外生活推進協会が開発してきた教育手法を基盤にしたものですが、同時に、基礎学校カリキュラムと就学前学校カリキュラムを基盤にしたものでもあります。

「雨の日も晴れの日も」の教育理念を理解するためには、野外生活推進協会の活動がどのようなものであるかを知ること、そして、ここ数年でそれがどのように変化してきたかを知る必要があります。

そこで本章では、野外生活推進協会の活動を説明したうえで、「雨の日も晴れの日も」の教育手法を説明したいと思います。ここで述べる野外生活推進協会に関する情報は、野外生活推進協会が発行してきた書籍、新聞、記録、そして、その他の記録を研究してきたスウェーデンの歴史思想家であるペートラ・ランタラロ（Petra Rantalalo）による記述を参考にしたものとなっています。

野外生活推進協会の子どものための活動とは

野外生活推進協会は、前述したように、一九五〇年代から就学前の子どもたちに活動を提供してきました。一九五三年に「スキー教室」をスタートさせ、一九五六年に五歳から七歳までの子どもたちのために「森の教室」を設立しました。当初のアイデアは、一九五六年夏の後半、ストックホルムの南に位置するリーダ野外活動センター（Lida Friluftsgård）の森で週末に開催された講座において発表されました。

この講座には、全国から多くの参加者が集まりました。イニシアチブをとったのは、野外生活推進協会の事務局長であったヨスタ・フロム（Gösta Frohm）です。おとぎ話と自然の中での遊びを利用して、子どもたちに森や原っぱで過ごすことに興味をもってもらいたいと考えていたのです。

さらに、長期的な目標として、子どもにも大人と同じように野外活動や環境保護問題に興味をもってもらうということがありました。活動は一九六〇年代から一九七〇年代にかけて人気を呼び、地域支部の数も一九八〇年代にかけて急増し、この時期に就学前学校での活動へと発展しはじめたのです。

森のムッレ教室

「森の教室」は、当初「トロール教室」と呼ばれていたのですが、数年後には「森のムッレ教室」と改名されました。その理由は、子どもにとってはトロールが怖い存在であろうと配慮したからです。「森のムッレ教室」では、植物、動物、自然保護問題、キャンプ生活、道具の扱い方などを学ぶことができました。教育手法は、遊び、歌、動植物についての想像といった活動によってこそ子どもたちは楽しく学ぶ、という考えに基づいたものとなっています。

「森のムッレ」は森で誕生し、その姿は森の素材によってつくられていきました。洋服は緑の葉っぱで、帽子は白樺の皮、髪の毛はコケ、尻尾はネズミが根っこをかじってつくったもののようにです。そして徐々に、森のムッレを補完するための、想像上のキャラクターが登場することになります。「フィエルフィーナ」は高山の環境に適応してい

左から、ラクセ、森のムッレ、フィエルフィーナ、ノーバ（出典：ヨスタ・フロム森のムッレ財団）

ます。「ラクセ」は水を守っています。「ノーバ」は宇宙からやって来て、地球をきれいにしようというメッセージを発信しています。

「森のムッレ教室」は春と秋に近隣の住宅地で実施され、一回につき二時間、一シーズンに約一〇回のセッションが行われるようになりました。一〇～一五人でグループをつくり、子どもたちとともにリーダーが選んだ基地まで行きます。そこに向かうまで道の途中、前回に訪れたときから変化した自然の様子を観察します。活動場所としては、森、野花が咲く原っぱ、丘といったさまざまな自然環境が含まれました。基地にたどり着くとお弁当を食べ、歌を歌って遊びます。

子どもたちが動植物の知識が得られるように、ぬいぐるみやボードに絵を貼り付けることができるような教材が使われていました。このような教材が徐々に増え、一九六〇年代には、しばしば手押し車いっぱいに積んで森まで運んでいくということもありました(1)。シ

(1)　現在は、森にある自然の素材を使うことにこそ意義があるという考えから、多くの教材を森に運ぶという教育方法は使われていません。

リュックサックのワッペンは、「森のクニュータナ」のシンボルとなっているテントウムシ

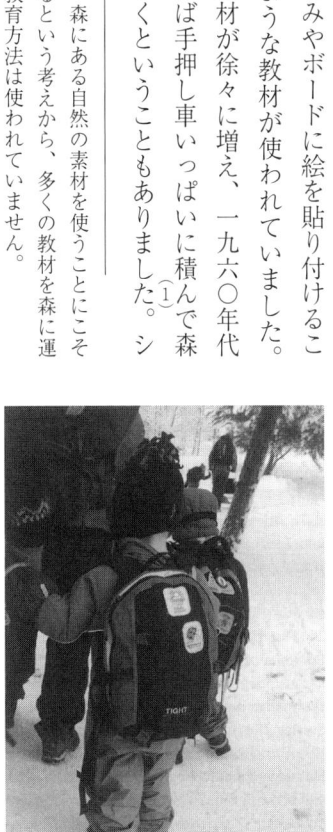

ーズンの締めくくりとなる最後のセッションには、森のムッレが訪れてくれます。

　このような活動に加えて、より小さな子どものために「森のクニュータナ教室」がはじまり、三～四歳児を対象としました。また、「森のクノッペン」は一～二歳児のためのものです。今日、これらのグループは「森の教室」ではなく、「野外生活推進協会の子どものための活動」と呼ばれています。この活動にはスケートとスキーの教室もあり、子どもたちは楽しみながらそれらを学んでいます。ちなみに、それぞれの活動には独自のシンボルマークが付けられています。

教育手法における変化

　一九七〇年代にルーペを使いはじめたころ、教育手法に大きな変化が起きました。動植物の絵からスタートするのではなく、子ども自身の経験が中心に置かれるようになったのです。子どもたちは、地面を這いつくばって自らの感覚で自然を探索することができ、「収集」、「分類」、「比較」といったことをするようになったのです。

　この新しい教育アプローチでは、感覚に基づいた体験が子どもの理解と概念の把握においてとても重要であると考えられました。子どもの「発見したい」とか「探索したい」という欲求に対して、それまで以上に大きな重点が置かれるようになり、自然が実験ワークショップとして使用

表１　野外生活推進協会の環境教育プログラム

	●**森のクノッペン教室**（１～２歳）1990年開発。 クノッペン（Knoppen）とは「小さい芽」という意味。野外保育園の最年少の子どもが、まず自然に出かけて楽しく快適に過ごすことを学ぶ。
	●**森のクニュータナ教室**（３～４歳）1987年開発。 遊んだり歌ったりする活動を通して身近な自然を体験し、自然のなかで楽しく快適に過ごすことを学ぶ。幼少時に自然と親しむことは心身の発達を促す。テントウムシの「ニッケ」が登場する。
	●**森のムッレ教室**（５～６歳）1957年開発。 五感を使ってさまざまな生き物と触れ合うことで自然感覚を身に着け、生き物は互いに依存しているというエコロジーの基本を学ぶ。架空の妖精「ムッレ」が登場し、子どもたちに自然を大切にすることを教える。
	●**スキー教室**（５～６歳）1980年代開発。 楽しく遊びながらスキーを学ぶ。
	●**スケート教室**（５～６歳）1955年開発。 楽しく遊びながらスケートを学ぶ。
	●**森のストローバレ教室**（小学校低学年）1963年開発。 エコロジーについてさらに深く学び、人間が自然の一部であることを理解する。この時期の子どもたちは冒険やスリルを求めるので、真冬のサバイバルキャンプなどをワクワクする体験をしながら自然と人間の関わりを学ぶ。
	●**フリールフサレ教室**（小学校高学年）1970年開発。 人が環境に与える影響を知り、自然を守るために何が必要かを考える。自然保護に対して自分の考えをもち、何ができるかを話しあう。テント張り、炊飯、カヌーなど野外生活に必要なより高度なテクニックを学ぶ。

出典：『幼児のための環境教育――スウェーデンからの贈りもの　森のムッレ教室』岡部翠編著。新評論、2007年、22ページ。

されるようになりました。たとえば、野ウサギが何を食べたかを知るために、植木鉢にウサギの糞を植えて、発芽してくる植物を育てるといったことをはじめたのです。

もう一つの変化は、「自然享受権」（五二ページの**訳者コラム3**を参照）と「自然保護」についての考え方に関するものでした。自然保護の部分については、主にゴミを捨てないということからはじめられました。一九七〇年代には、環境保護は社会的により重要な役割をもつようになり、生態学的な関係性が注目されるようになりました。よって、森のムッレのメッセージも、「自然の中でゴミを捨てない！」から「自然を守ろう！」に変わったわけです。

「雨の日も晴れの日も（I Ur och Skur）」

野外生活推進協会に所属する二人のリーダーであり、就学前学校の保育者でもあったスサン・ドロッゲ（Susanne Drougge）とシーブ・リンデ（Siw Linde）が、一九八三年に自然と野外活動に基礎を置く就学前学校をはじめようと考えました。この活動は、「雨の日も晴れの日も」と呼ばれ、一九八五年にオープンしています。それ以来、「雨の日も晴れの日も」の認証を得ている野外就学前学校が約二〇〇校、スウェーデン全土に誕生しています。

「雨の日も晴れの日も」の認証を得ている家庭的保育、学童保育、小学校といったものまで実現しています。この活動は、保育者もしくは保護者からなる協同組合、企業、自治体によって運営することが可能となっています。

本節では、「雨の日も晴れの日も」の活動について説明をしていくわけですが、主に『雨の日も晴れの日も基礎教本』（以下、基礎教本）［参考文献99］と、『就学前学校のための教授本』（以下、教授本）［参考文献101］を基本とします（三四ページの写真参照）。さらに、「雨の日も晴れの日も」において新しく策定された目標が記載されている野外生活推進協会のホームページも使うことにします［参考文献23］。

これらの資料を読むことで、「雨の日も晴れの日も」の目標と手法には、「就学前学校カリキュラム」（一六ページ参照）の要点が組み込まれていることが分かります。

運営形態

一九九五年より、「雨の日も晴れの日も」の活動は野外生活推進協会の傘下に入ることになりました。各野外就学前学校や野外小学校は、それぞれさまざまなネットワークに所属していますが、情報交換と発展促進のために、少なくとも年に一回は野外生活推進協会のもとで会合をもつことになっています。ネットワークの責任者は、組織内の情報交換を行う任務と、発展を促進する任務を負っています。このネットワークを通して、会合や研修も組織されています。野外生活推進協会は研修会を主催し、保育者と学校の教師が使用するための、さまざまな種類の文献や情報を提供しています。野外生活推進協会では、ロゴ入りのワッペンやバッチ、衣服、そして活動で重要となるグッズなどさまざまな商品を扱っており、販売も行っています。

「雨の日も晴れの日も」と称するためには、特定の要件を満たしていなければなりません。とくに、「雨の日も晴れの日も」の教育手法がその就学前学校全体、もしくは特定のクラスに浸透していなければなりません。さらには、野外生活推進協会の傘下における活動、つまり「森のムッレ」、「森のクニュータナ」、「森のクノッペン」、「子どもスキー教室」、「子どもスケート教室」が活動に統合されている必要があります。そして保育者は、保護者と協力してイニシアチブを取り、各団体は、調査、アンケート、野外生活推進協会に対する年間活動報告書など、体系的で質の高い活動を実施しなくてはなりません。

「雨の日も晴れの日も」の認証を受けている野外就学前学校の保育者は、就学前学校教師（förskollärare）か準保育士（barnskötare）の資格をもつほか、その他の教育研修を修了していなくてはなりません。一方、野外小学校の教員は教員資格をもち、学童保育教員は、そのために設けられた大学のコースを受講し、資格を取得していなければなりません。これに加えて、「雨の日も晴れの日も」の基礎研修を受けることにもなります。最低でも、教職員の七五パーセントがこの基礎研修を受けている必要があります。

さらには、活動する協会傘下の教室に特有の専門性を備えるために、野外生活推進協会のリーダー研修を受けなくてはなりません。野外就学前学校の保育者の場合は、「森のクノッペン」、「森のクニュータナ」、「森のムッレ」、「子どもスキー教室」、「子どもスケート教室」の研修がもっとも重要なものとなります。もちろん保育者たちは、その後も継続的に研修を受けことになります。「雨の日も晴れの日も」を行う保育者は、野外生活推進協会の伝統に従って、最近までは「リーダー」と呼ばれていました。しかし、教員研修を欠いているように解釈されることがあったため、現在では彼らを「リーダー研修を受けた教員」と呼んでいます。

目標

「雨の日も晴れの日も」の目標には、就学前学校カリキュラムを基礎として、以下のことを子どもたちが達成できるように支援する、と示されています。

①自然に関する興味と知識を発達させ、自然感覚を発達させる。
②持続可能な生活スタイルについての知識を発達させる。

③自然享受権に関する知識と実践的な行動を発達させる。
④自然の中での滞在を通して全体的な発達のための支援を行い、刺激を与える。
⑤自然の中で楽しみながら、運動や仲間意識の機会を提供する。
⑥一生にわたって野外生活に関心をもち続けるための基礎を築く。［参考文献23］

これらの内容について、「自然は目標でもあり手段でもある」というように私は解釈しています。①から③の項目と⑥では、子どもが自然に直接関係する知識と体験を得ることが記されています。子どもが動植物や自然のプロセスについての知識を身につけ、環境意識を発達させることで自然感覚と野外生活への興味を得る、というものです。

同時に、自然をその他の目標を達成するためのリソースとして見ています。つまり、子どものあらゆる側面を発達させ、多様な分野の知識が身につけられる環境です。言い換えれば、就学前学校カリキュラムおよび基礎学校カリキュラムに書かれているさまざまな目標のすべてが達成できるようになるという環境です。

④と⑤の項目は、これらの目標に関するものです。この二つの目標に関しては『基礎教本』の後半で詳しく説明されていますが、この二つの目標に関しては、以下の領域が扱われていると私は理解しています。

・子どもの健康と福祉を促進する。
・子どもが多様な方法で自己表現を行うように刺激する――運動、劇、音楽、異なる種類の素材での造形などを通して。
・就学前学校カリキュラムに指定されているすべての分野において、子どもが学習する機会をつくる。
・社会的および感情的な能力を促進する。

第5章において、「雨の日も晴れの日も」の活動を彼らがどのように考えているか、また活動においてどのような教育内容が含まれているのかについて詳しく説明することにします。また、そこにおいて、「レインボーゲン野外就学前学校」では学習のためにどのような活動をしているのかについて具体的な例を示すことにします。

活動方法

「雨の日も晴れの日も」の基本理念は、「子どもの知識、運動、仲間意識に対するニーズは自然の中で過ごすことによって満たされる」〔参考文献99・4ページ〕というものですが、活動は「自然の中で、自然の助けを借りて」〔参考文献99・11ページ〕実施されています。もちろん、体験・遊び・冒険が活動の基盤とされています。できるかぎり多くの活動を野外で行いますが、室内でも活動をしており、室内で行う際にはどのような活動がもっとも適しているのかを決めるのは保育者であると強調しています。

上述した野外生活推進協会の子どものための諸活動は、重要な活動の要素となっています。以下で、『基礎教本』で強調されているアプローチから、いくつかの要点を説明しておきます。

遊び

「雨の日も晴れの日も」では遊びに重点が置かれており、『基礎教本』でもある章を遊びだけの説明に割いています。遊びのなかで子どもは、筋力・バランス・柔軟性を鍛えることができます。遊びは、自信・言葉の発達・社会的スキルに寄与します。さらに、さまざまな分野での学習にも役立ちます。

子どもたちの遊びはさまざまな方法で刺激されます。同じ場所に何度も出掛けることになるので、子どもたちは安心して同じ遊びを続けることができます。活動は、子どもたちが継続して遊びの時間を取れるように、不必要に介入しないように計画されています。もちろん、保育者自身も遊びに加わります。時には、子どもに加わって遊びのアイデアを出したりしますが、このとき、遊びをさらに発展させるためには子どもに何が必要かということについて考えています。

表現方法

「雨の日も晴れの日も」は、子どもが多様な方法で自己表現ができるように刺激するわけですが、なかでも以下の表現方法が重要であると述べています。

・**運動**——子どもは、身体的な活動、駆け回ったり、飛び跳ねたり、登ったりして運動神経を鍛え、よい身体感覚を養うといった機会を与える。
・**劇**——ドラマ授業を通して仲間と協力する能力が強化されるだけでなく、子どもの興味をかき立てることができる。劇を行う場合、童話や伝説をテーマにしてはじめるのがよい。
・**音楽**——子どもは歌や音楽が好きなので毎日行う。歌は、プロジェクト活動、季節、その他すべての関連事項にリンクすることができる。
・**造形**——絵を描いたりするなど、異なる種類の素材で造形活動を行う。また、伝統的な手工芸品の制作を行うのもよい。

プロジェクト

『基礎教本』には、学習における全体性や関係性をつくり出すために、各分野にまたがるプロジェクト活動やテーマ活動の実施が推奨されています。プロジェクト活動は体験活動による学習を基礎としていますが、それは、子どもの体験と興味を起点としなければなりません。

プロジェクト活動は、オープン・クエスチョン[2]によるアクティブ・ラーニングによるプロセスをつくり出す機会となります。プロジェクト活動には遊び、体験、冒険が含まれており、前述したさまざまなタイプの表現方法が使われます。第5章では、私が「レインボーゲン野外就学前学校」で観察した活動を紹介します。

野外環境

多くの時間を野外で過ごすため、就学前学校の園庭は重要なものとなります。どのような環境がインスピレーションにあふれ、教育的な効果が高くなるかということに関してはさまざまなアイデアが提示されています。

園庭に、自然のままの場所をつくり出すことを心がけます。木や茂みを植栽したり、工場で生産された遊具の代わりに、丸太、切り株などといったような自然界のものを好んで使うようにします。言うまでもなく、自然素材が想像的な遊びや身体活動を刺激するという考えからです。

園庭は、想像的な遊びを誘発するようにしなくてはなりません。たくさんの小さな空間が備わった、遊びやすい環境をつくり出すようにします。異なるタイプのおもちゃや砂、そして水などの自然素材がごっこ遊びや身体を使った遊び、そして探究活動を刺激するように備わっていなければなりません。

園庭には、大工仕事のための部屋を設置することが提案されています。また園庭には、菜園とコンポストを設けることもできます。もし、日陰の場所がないのであれば、柳の若木で簡単に造れる小屋を建てたり、さまざまな方法で日陰をつくり出すことができます。

近所に広がる自然環境への遠足は、活動において重要な地位を占めています。約束事としては、自然環境を訪れるときには、玩具を持っていく代わりに現地で手に入る素材を使うというものがあります。森の中では遊びの機会が豊富にあり、さまざまな遊びをする「空間」がたくさん存在しています。

異なる環境が異なる遊びに使われます。野原は、大人が主導するルールのある遊びに使われま

（2）「はい・いいえ」では答えられない質問のことで、「なぜ・どのように」などが問われることになります。

すし、森は想像的な遊びに、小川は水遊びに最適です。キャンプファイアをする場所は、園庭でも森の中でも集合場所としての役割を果たしており、食事や交流、そしてサムリング[3]のときに集まる場所となります。

室内環境

野外での環境をもっとも重視しているとはいえ、やはり室内の環境も重要です。『基礎教本』によると、室内環境はごっこ遊びや造形、そして読み聞かせといった静かな活動を刺激するようなものでなければならないとされています。つまり、室内の環境に、自然からのインスピレーションをなるべく多く取り入れるようにしているわけです。

「レインボーゲン野外就学前学校」では、室内環境においても、自然や野外活動からのものがさまざまな形で取り入れられています。もちろん、自然素材は室内でも使用され

園庭にある茂みにつくられた隠れ家

ています。たとえば、切り株が忘れ物の服を吊りさげておく場所に使われています。乳児の保育室では、壁にスキー板が立てかけてあり、白樺の木が天井まで伸びています。その壁には動物の絵が飾ってありますが、マンマムー(4)といった空想上の動物とカタツムリが描かれているポスターといったように、自然に近い絵となっています。さらに、ゲームや絵本は、自然をテーマとしたものとなっており、フィギアの動物がたくさん置かれています。

また、野外活動の道具類を補完する倉庫も必要となります。『基礎教本』と『教授本』には、野外就学前学校の野外活動で必要となる道具のリストが載っています。たとえば、キャンプ用のコンロ、魔法瓶、アイスピック、雨よけのシート、ルーペ、救急手当用品といったようなものです。

年少グループがよく使う部屋にある白樺の木

---

(3)　日課のなかで、保育者と子どもたちが話し合う「集いの時間」のことで、出欠の確認、その日の活動予定やプロジェクトについて話をしたり、歌を歌ったりします。

(4)　(Mamma Moo) スウェーデンのベストセラー絵本に出てくる牛のキャラクターです。

服装

服装と道具は、一日の大半を野外で活動するために重要なものとなります。『基礎教本』には、必要となるものの説明が記されています。子どもと教師は、「重ね着の原則」に従って服装の準備をすることになっています。そうすれば、温度や活動内容によって簡単に脱いだり着たりすることができるからです。

・内側の層は、身体を乾いた状態に保つもの。その素材は、湿気を放つ性質をもつ合成繊維（「スーパー下着」と呼ばれている）、ウール、シルクの下着をすすめている。

・中間の層は身体を温く保つもの。ウールやフリースでできた洋服をすすめている。

レインボーゲン野外就学前学校には、野外で使う装備を保管しておく大きな倉庫がある

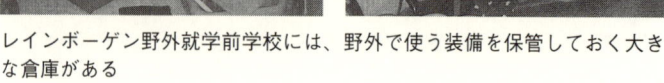

・外側の層は風、雨、雪から保護するもの。天気に合わせて、防風、防水加工されている素材でできた洋服をすすめている。

［参考文献99・62ページ］

洋服は、丈夫で自由に身体を動かせるものでなくてはなりません。「レインボーゲン野外就学前学校」では、「洋服マン」という工夫をしています。つまり、子どもが着る洋服を、着る順番に重ねて置いておくのです。そうすることで、子どもは自分自身で正しい順序で洋服を着ることができます。また、子どもたちがリュックサック、スケート、スキーといった装備を考えるときに何が重要かということが分かるように、アドバイスも行っています。

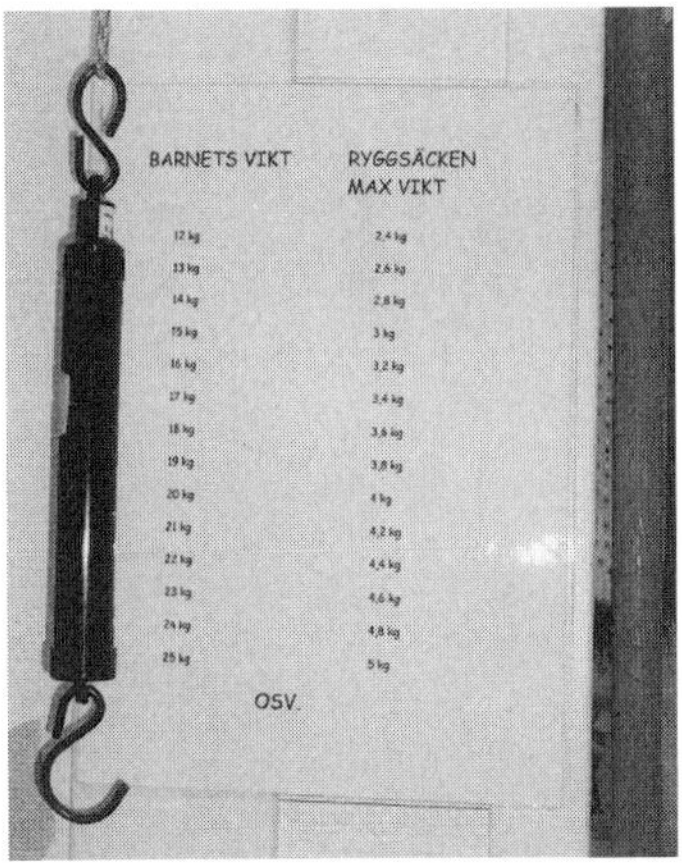

子どもの体重に合わせたリュックサックの重さを示すリスト。保護者がチェックできるように貼ってある

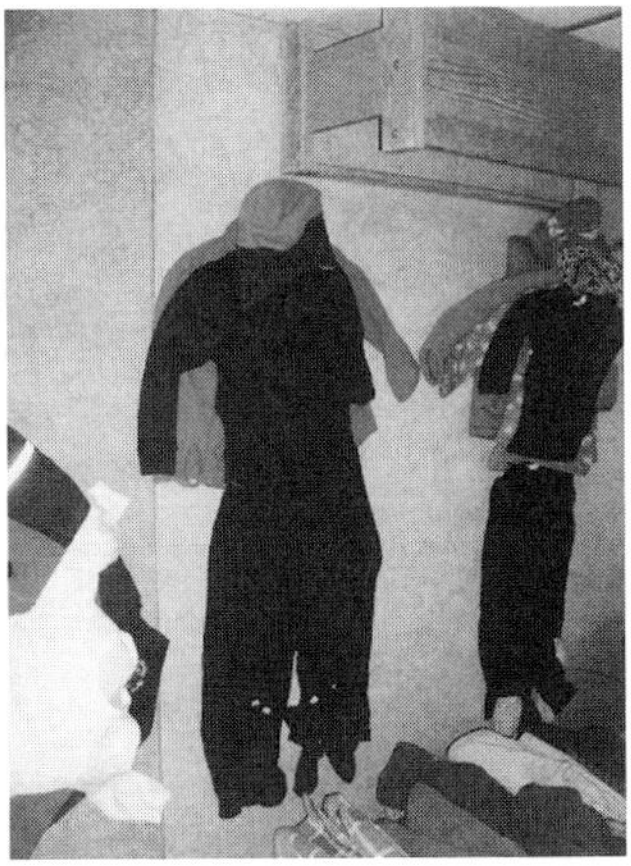
順番に着られるように用意をしている「洋服マン」

保育者の任務

保育者の役割は、ともに発見し、経験するというものです。保育者と子どもは、自然の中で過ごすときは一緒に発見をします。子どもが何か興味を引くものを見つけたときには、保育者がそれを見に行き、子どもと一緒に感動したりします。また、子どもが質問を投げかけてきたり、遊んでいるときには、その活動に参加します。

逆に、保育者が何か面白いものを発見したときは、子どもたちがそれに興味をもつこともあります。そのような興味はすぐに広がっていき、さまざまな質問が出ますが、保育者はそのすべてに対して答えをもっている必要はありません。好奇心をもって、子どもの投げかけた質問に対する答えを見つけようとすればいいのです。

自然の中では、出来事を一緒に体験することができます。動物が現れるといったような予期せぬ出来事も起きます。このようなことが、大人（保育者と保護者）と子どもの間に連帯感をつくり出すことになるのです。

野外活動を行うことは、保育者に対して多大な柔軟性を要求することになります。子ども一人ひとりのニーズを考慮に入れなくてはなりませんし、一人ひとりのレベルに対応して、接することが保育者にとっては必要となります。また、子どもの発見やアイデアにオープンでなくてはなりませんし、自然の中で起こる経験や学びのために、しばしば予期せぬ機会をとらえて活用することが求められます。さらには、天候によって計画の変更を余儀なくされる場合もあります。つまり、その日の天気によっては、計画とは異なる方法での活動を強いられることがあるということです。

保育者の態度とアプローチは重要である、と強調されています。というのも、大人が外にいること、そして子どもと一緒に活動することを子ども自身が楽しんでいるかどうかを知る必要があるからです。『基礎教本』には、ある保育者の言葉が引用されています。「『雨の日も晴れの日も』での保育実践は業務ではありません。それは生き方なのです」［参考文献99・15ページ］

保育者は、子どもにとって見習うべき手本となり、自然についての感覚を伝えなくてはならないのです。保育者には、安全と安心を確保するという任務があるのです。

ドキュメンテーションとリフレクション

写真、日誌、子どもの絵といった作品などは、「雨の日も晴れの日も」の活動で採用されているドキュメンテーションの例です。『基礎教本』を読むかぎりの解釈では、ドキュメンテーションの目的は、子どもの考えや学習プロセスを見せることとなっています。ドキュメンテーションは、保護者との対話や、活動についての年間報告書といったものに使用されています。

さらに、リフレクションについても述べられています。リフレクションは、一義的には自分自身と活動を発展させるための手段となります。自分自身とグループ観察のほか、同僚同士でその出来事が起きた理由を話し合うことで保育者はその活動の評価をすることができますし、同じ活動を異なる形でできたかどうかについて考えることもできます。また、リフレクションは、子どもたちと一緒に行うことで体験学習の一環として活用することもできます。(5)

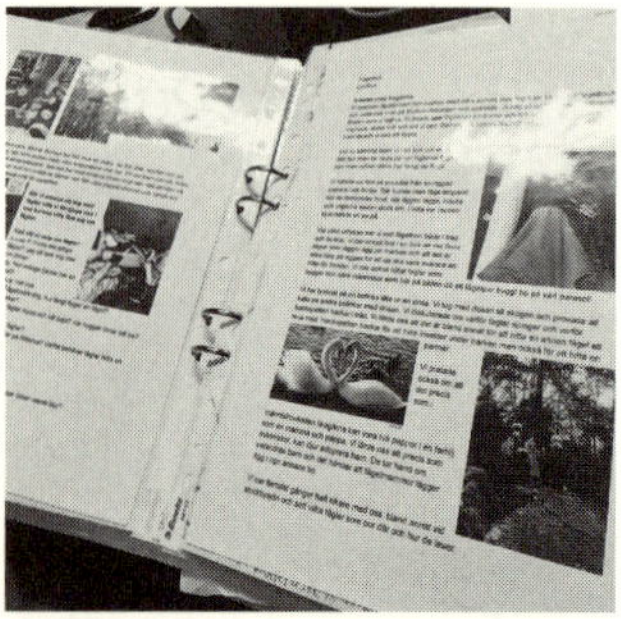

「雨の日も晴れの日も野外就学前学校」でのドキュメンテーションの例（撮影：高見幸子）

「レインボーゲン野外就学前学校」の活動

ここでは、「レインボーゲン野外就学前学校」での日常がどのように運営されているかを説明していきます。

子ども、保育者、施設、園庭

本書において研究の対象とした「レインボーゲン野外就学前学校」には、二つのグループがありました。一つは年長児（四歳児から六歳児）の「リス・グループ」で、定員は一八名となっていました。もう一つは年少児（一歳児から三歳児）の「ハリネズミ・グループ」で、定員は一四名です。[原注1] スタッフとして、保育者が各組に三人ずつつき、特別な支援を必要とする子どもには介助スタッフと学校運営に責任をもつ管理者が一人、そして朝食・昼食・おやつの調理をする調理師が一人という構成でした。

「レインボーゲン野外就学前学校」は共同住宅のなかに入っています。就学前学校の活動を行うには適した施設であり、大きさも「普通の」就学前学校と同じくらいで、設備も十分に整っています。園庭には、フェンスで囲まれた遊び場があり、大きな砂場、ブランコ、ジャングルジムが設置されています。この園庭は、朝と午後、またさまざまな理由で森に出掛けることができない日に使われています。

（5）ドキュメンテーションとリフレクションについては、白石淑江編著『スウェーデンに学ぶドキュメンテーションの活用――子どもから出発する保育実践』（新評論、二〇一八年）に詳しく書かれています。

（原注1）年少児グループのなかで最年長であった子どもは、私が調査を終える直前に四歳近くになっていました。

この園庭を「レインボーゲン野外就学前学校」は居住者と共有しているのですが、このことは、「レインボーゲン野外就学前学校」が園庭のデザインに関してはほとんど手を付けることができないということを意味します。それゆえ、森に出掛けることがとくに重要になるわけですが、就学前学校から五〇メートルほどの距離に森があるということなので、その点に関しては恵まれた環境と言えます。

基地

通常、各グループは週に三日、森に出掛けています。各グループとも、いわゆる「基地」と呼ばれるものを就学前学校の近くにもっています。年長児（リス・グループ）の基地は、就学前学校が見える森の端にあります。一方、年少児（ハリネズミ・グループ）の基地は、そこからさらに一〇〇メートルほど離れたところにあります。それぞれの基地には、重い丸太を正方形に並べてつくった丸太のリング[6]が置かれています。これは、サムリングやおやつを食べるときに使われています。両方の基地とも、子どもたちの年齢に合わせて、ほどよいチャレンジができるような場所につくられていました。

リス・グループの基地は南に面した傾斜にあります。基地には多様な自然が広がっています。

そのエリア全体に、雑木林や低木などで囲まれた、草の生い茂ったところが点在しています。森への入り口付近には、大人が主導する遊びに使われれる野原があります。さらに進んでいくと目の前に丸太のリングがあり、そこは、大きなマツの木に守られた場所となっていました。

丸太のリングの片側には木登りができる落葉樹があり、反対側には、まだ若木の多い森と、時々水が流れる溝がありります。丸太のリングの周辺がもっとも使われている場所ですが、溝の上にある山の後ろ側でも遊ぶことができます。その場所は、丸太のリングからは見えません。

一方、ハリネズミ・グループの基地は、前述したようにさらに一〇〇メートルほど離れた場所にあります。開放的な高台にありますが、そこには野原や岩のほか、時々水が

（6）　子どもたちが座れるベンチが丸太でつくられている場所のことです。

リス・グループの子どもたちが座る丸太のリング

流れる大きな窪みがいくつかあります。その高台の周囲には雑木林が点在しています。高台の端に小さな段差のある場所があり、子どもたちがジャンプしたりするなど、さまざまな遊びで使われています。

基地には大きな岩があり、子どもが登ることができます。丸太のリングは、この高台の端に位置しています。丸太のリングの後ろ側は湿地になっており、冬場は水に浸かると言います。木々が低く、まばらにしか生えていないので見通しのよいところです。

通常、各グループは九時ちょうどに就学前学校を出発します。冬期は、一二時ころまで森で過ごします。一三時に昼食をとりますが、森の中での栄養補給として、サンドイッチと温かい飲み物が出されます。夏季は森の中で昼食を食べ、天気が許すかぎりそこで休憩もします。調理師が園でつくった食事を持っていくこともありますし、野外でキャンプ用のコンロやたき火の上で、大きな中華鍋のような

ハリネズミ・グループの丸太のリング

「ムーリッカのお鍋」(7)を使って調理をするといったこともあります。

森の中では、基本的に自然のもので遊びます。保育者のなかの数人は、原則的に玩具のことを悪いとは思っていませんので、「もし、子どもが頼んだら持っていく」と言っていました。また、リス・グループのある保育者は、レゴ、電車の線路のようなものは森に持っていくということでした。子どもたちは、丸太のリングの周りに敷かれた毛布の上に座って、このような玩具で遊びます。一方、ハリネズミ・グループも、慣らし保育の間は、以前から就学前学校の園庭で使っていたものと同じ玩具を保育者が持っていきます。私の観察中、ハリネズミ・グループの基地で見た玩具は車、魚、ボールといったもので、水溜まりでも遊べるものでした。

年少児と一緒に活動していている保育者のクリスティーナは、「慣らし保育の期間が終わったあと、たいていの子どもは玩具について尋ねることがなく、自然のもので遊びます。もし、子どもたちが頼んできた場合には、慣らし保育のあとでも玩具を持っていく」と言っていました。

保育者は常に、ハサミ、ナイフ、剪定バサミ、紐といった道具や材料を森に持っていきます。このような道具があれば、簡単なおもちゃをつくることができます。たとえば、棒に紐を結び付ければ釣り竿になりますし、紐のほうを持って引っ張れば犬の散歩となります。

---

(7)(Muurikka)フィンランドのメーカーがつくっているキャンプ用の鍋です。

森のグループ

「レインボーゲン野外就学前学校」では、子どもたちを二つのグループに分けているだけでなく（九七ページ参照）、年齢ごとに、さらに小さなグループに分けています。二～三歳児は「森のクノッペン」、三～四歳児は「森のクニュータナ」、そして五～六歳児は「森のムッレ」となっています。これらの「森のグループ」は、先に紹介した野外生活推進協会における子どもの活動のグループ分けですが（七九ページ参照）、これらに加えて、「レインボーゲン野外就学前学校」独自の活動である「フロー（Frö・種）」というグループが二歳児以下の子どもたちのために設けられています。このグループもまた、保育者と一緒に森に行っています。

このグループは週に一度集まっています。就学前学校を九時ちょうどに出発して、子どもの年齢に合わせる形で、一時間半から三時間を過ごします。決められた目的地に向かって歩いていきますが、毎週、そこに向かうために同じ道を通っています。

前述したグループだけでなくこのフロー・グループも、定期的に自然環境の中に存在する二つの異なる場所に通っています。リス・グループの子どもたちは、森の中にある別の場所へ遠足に行くこともあれば、近くにある湖を訪れることもあります。基地と区別するために、このような場所には名前が付けられていますが、その一つとして「苔山」と呼ばれている山があります。

ドキュメンテーション

「レインボーゲン野外就学前学校」では、さまざまな形でドキュメンテーションがなされています。もっとも広く行われている形態としては、子ども一人ひとりのドキュメンテーションと日誌が挙げられます。それぞれ、森のムッレ、森のクニュータナ、森のクノッペン、フローのグループで行われています。

一人ひとりのドキュメンテーションには個人的なことが書かれています。それぞれの子どもについて展開されており、日常のなかでの経験が写真や短い文書などによって表されています。それ以外にも、子どもたちへのインタビューが含まれています（九六ページの写真参照）。

その一例として、「リーヌス」という名前の子どもの、二〇〇六年度から二〇〇七年度にかけてのドキュメンテーションを紹介しましょう。これは、Ａ４サイズの紙四〇ページからなるものです。秋学期がはじまったとき、リーヌスは四歳半でした。最初に掲載されている写真は、リーヌスと数人の友人が森の中に敷かれた毛布の上で、レゴを使って遊んでいるものでした。

掲載されている多くの写真は、リーヌスがサムリングや保育者が主導する[8]遊びに参加しているときのものでした。さらに、リーヌスがスケートをしているとき、ルシア祭で「星の男の子」の役を演じているとき、リス・グループの基地にある山の下で雪のトンネルに入っているとき、といったものです。ほかにも、リーヌスが五歳の誕生日のときに撮られた写真が数枚ありました。また、毎年開催されている「バーサロペット」(9)に関する写真もあり、次のような文書が添えられていました。

――あなたは全然スキーをしたがらなかったわね。でも、菓子パンとブルーベリースープは悪くなかったでしょ。

ほかの写真を見ると、外の気温がマイナス一八度だった日のもので、室内で撮られたものでした。この一年間は、リーヌスが春に森の中で友だちと自由遊びをしたときに撮影された写真で締めくくられていました。

リーヌスへのインタビューは、秋と春に同じ質問がされていました。インタビューは、年齢や家族のメンバーといったようなことからはじまります。それに続いて、「友だちはどうあるべきだと思いますか?」、「どんなときうれしい/悲しいと感じますか?」、「好きな食べ物は何ですか?」、「何が得意ですか?」といったオープン・クエスチョンが続きます。

各グループの保育者による日誌は、チーム全体、そしてみんなで取り組んだ活動に焦点が当てられたものとなっています。日誌には広範囲にわたる記述がなされており、所々、補足として写真が添えられているほか、毎週どんなことが起きたのかについて簡単な解説が付されていました。それ以外にも、みんなで歌った歌詞や、野外食のレシピなどといったものも記載されています。

これらの文書は、子どもたちと一緒に振り返りとして使う基礎になるほか、保護者に対する情報提供の役割も果たしています。そして、このようなドキュメンテーションは、保護者が読んだり見られるように掲示板に貼られています。以下に紹介する例は、二〇〇六年一二月一〇日付の森のムッレ・グループの日誌から抜粋したものです。

出発するちょうどそのとき、小雨が降っており、気温は約一〇度。今日は押し葉の活動をしようと考えていたので、それをリュックサックに詰め込みました。重い！　でも、みんな

（8）クリスマスシーズンがはじまったころの一二月一三日に行われる伝統的な行事です。一年でもっとも日照時間が少なく、暗いスウェーデンに、明るい光をイタリアのシチリアから聖ルシアが持ってくることを祝います。就学前学校では、聖ルチアやトムテに扮した子どもたちが保護者に、聖ルシアの歌やクリスマスの歌を披露する伝統的行事となっています。

（9）（Vasaloppet）スウェーデンでは、毎年三月の第一日曜日に九〇キロという長距離クロスカントリースキー大会がダーラナ地方で開催されています。これは世界最古であり、最大のクロスカントリースキー大会です。一五二〇年にデンマーク王クリスチャン二世の軍勢から逃れたときのスウェーデン国王グスタフ・バーサーの旅にちなんで名づけられました。

はリュックを背負うのがとても上手です。

ルーペも配られました。

ムッレの歌です。今では、みんなとても上手になりました。

カタツムリの木で休憩していたところ、一匹のカタツムリが、食べ残しのリンゴの芯をむしゃむしゃと食べているのを発見しました。背中のリュックが重くなってきたのを感じるまで、少しの間とどまってカタツムリを観察していました。

次に立ち止まったのは松の木の下でしたが、そこに私たちは腰を下ろして、自然享受権について学んだことの復習をしました。みんな、私たちが話したことを覚えていますし、自然享受権にどんな意味があるのかも分かっています。**素晴らしい!!**


私たちはしばらくそこに座って、お腹がなるまで、動物にちなんだいろいろな言葉遊びをしました。それから、私たちの基地に行ってからおやつをいただきました。いつものように、みんな家からとてもおいしいおやつを持ってきていました。

押し葉をする道具を持ってきていたので、今日はそれに取り組むことにしました。まずは、留め具を全部外すことからはじめて、乾いた植物がどうなっているかを確認しました。そして、秋の絵として紙に貼り付けましたが、どれも素敵な作品になりました。

今日はそれぞれが絵を持っていたので、帰り道で遊ぶことはできませんでした。

その後、ムッレのシールとリュックに縫い付けられるワッペンを配ってこの日はおしまいとなりました。というわけで、森のムッレ・グループの保護者のみなさま、もしまだでしたら、ムッレのワッペンを縫いつけてくださいね！

みんなと森の中で過ごした素敵な日に、ありがとう！

アンナ

コミットメント

保育者は、さまざまな表現で、「雨の日も晴れの日も」における教育法の基本的な要素として言及されているコミットメントについて語っています。子どもたちと接することで、野外で過ごすことに対してポジティブな態度と熱意を伝えています。多くの例の一つとして、年少児のグループにおける「チャント」[10]で、森の中にある活動場所から帰るときに使われるものがあります。このチャントは、膝を叩きながら唱えます。

(10)　グループの機運を高めるためにみんなで唱える「合い言葉」のようなものです。

「森っていいね、いたい場所は森の中、森――――!!」

インタビューでは、すべての保育者が、さまざまな表現で、野外で過ごすことについてポジティブな態度を示しています。何人かは野外に出ることが必要だと感じており、長時間室内にいることに対しては不満を感じることがある、と述べています。保育者たちはまた、各グループを室内で管理することは困難であり、騒音レベルが室内では高くなると考えています。

さらに、「これは生き方の問題でもある」という議論も出ました。本章を締めくくるに際して、保育者であるアンナの言葉を紹介しておきましょう。

「今では、これがライフスタイルのようになっていると言えます。私は、このことをとっても楽しいと感じていますし、自らの自由時間も、できるだけ多く野外で過ごしています。そう、自由時間の多くを野外で過ごすことが快適なのです。冬、暖かい服を着てスケートやスキーに出掛けることはまったく苦にならない、といった感じです」

第4章

就学前学校における活動の場としての森

本章では、「レインボーゲン野外就学前学校」の保育者が、定期的に訪れている自然環境における場所について、どのように意味づけをし、環境を構成しているかについて説明をしていきます。本章は、場所という概念についての理論からはじめたいと思います（原注）。

（原注）本章は、次の論文［参考文献109・112］をもとに書かれたものです。

場所という概念

一九七六年に出版された『場所の現象学』（高野岳彦ほか訳、筑摩書房、一九九一年）［参考文献71］という本のなかで文化地理学者のエドワード・レルフ（Relph Edward）は、場所という概念について探究しています。レルフは、「人間でいるということは、重要な場所に満たされた世界の中で生きることである」と述べています。

彼の興味は、日常生活における現象としての「場」について調査することでした。レルフによると、「場」というものは境界線に区切られており、観察可能なものとされています。しかしながら、私たちの日常生活では、「場」というものは、位置や外観からは明確に特定できる実体としては認知していません。むしろ、それらは、習慣、儀式、他者、そして個人的な経験といった要因が含まれる文脈によって体感されるものとなっています。

場所には、特別な意味とその特性が備わっています。場所とは、私たちが意味のある出来事を体験する場であり、行動および目的の中心となるものです。これらの目的は、意識的なものとはかぎりません。むしろ場所は、そこに滞在している人にとっての「意味」という観点から認知されるものと言えます。

レルフは、場所のアイデンティティには三つの構成要素があると述べています。一つは、物理的環境とその特徴、二つ目はその場における観察可能な人間活動（あるいは、人間が満たそうとする機能）、三つ目はその場に与えられる意味づけです。これら三要素は、相互に重なりあったり、影響を与えあったりしています。

場所のアイデンティティは、個人的でもあり集団的でもあります。誰しもが、自分自身の場所に対するイメージをもっており、それらは経験、考え方、記憶、感覚的な印象の産物となっています。これらの個人的なイメージは、社会からの影響を受ける一方で、言葉、シンボル、共通の経験を通しての集団的なイメージにも影響を与えます。そして、個人的なイメージと集団的なイメージが重なりあったとき、場所は人々に同じような体験をさせることができるのです。つまり、非常に個人的なものですが、共有された「神聖な場」となるわけです。

場所は、時間とともに変化します。場所は、生まれては消えてゆきます。衰退していく場所に対抗するために、「儀式」や「伝統」といった、場所の永続性に関する感覚を強化するものが一方に存在しています。

ここで私は、実践、つまり保育者が自然環境の中で活動を組織するために使っている「習慣」や「儀式」について説明をすることにします。なお、子どもたち自身が場所を創造しようとする行為については、第6章と第7章で説明することにします。

場所に向かうまでの道のり

目的地に向かうまでの道のりは、目的地と同じくらい重要となります。これは、森に行くすべてのグループに当てはまることですが、とくに、リス・グループよりさらに離れているところに基地があるハリネズミ・グループに当てはまります。これらのグループは、いつも同じルートを歩き、途中で数回立ち止まります。そのうちの数か所は、毎回立ち止まるところとなっているために「停留所」と呼ばれています。例として挙げる次のエピソードは、ハリネズミ・グループが基地に行くまでの道のりで観察されたものです。

グループは、小さな車道を通って森に入っていきます。子どもたちは、小道を自由に動き回ることが許されています。二〇メートルほど行った先にある、鳥の巣箱が掛けられた木の下でグループは再び集合しました。

巣箱の中には布製のオウムが入っています。これは指人形であり、保育者があらかじめ置いていたものです。子どもたちはこのオウムを見たがっています。保育者が巣箱の中に手を入れて、手探りでオウムを取り出して指にはめました。子どもたちはオウムを撫でて、歌を

――歌ってから巣箱の中に戻しました。

　保育者が何か特別なものを見せたいときや、子どもたちが何かを観察しているときには、自然な流れで足を止めることもあります。各グループの基地までの道のりで行われる「立ち止まり」では、時として自然についての学びが行われることがあります。最年少となる二歳児の「フロー・グループ」が保育者のアニータと一緒に森へ向かうとき、基地のある雑木林にたどり着くまでに数回立ち止まりました。

　最初に足を止めたのは園庭の木の下で、アリ探しを行ったときです。アニータと子どもたちは、アリのために歌を歌いました。そのあと、アーチをくぐり抜けて外に出ていきましたが、そこはいつも使っている出口とは別のところでした。子どもたちがアーチをくぐるとき、こだまするのが面白いようで「オーイ」と大声を上げていました。

巣箱の中のオウム

みんなが、小高くなっているところに来ました。子どもたちは、一人ずつ端から高いところまで登り、飛び下りました。飛び下りるとき、アニータに手を添えてもらいたい子どもは、添えてもらって飛び下りていました。その後、松の木のところまで行きました(原注1)。切られた枝の断面には、年輪に沿ってペンで色が塗られていて、ナメクジのように見えました。すべての子どもが、このナメクジに触りたがりました。そして、「小さなナメクジ」という歌を一緒に歌いました。

次の「停留所」は岩でした。アニータが、「この岩は熱いか、冷たいか？」と尋ねました。アニータと子どもたちは、手やほっぺで岩の温度を感じていました。次の停留所の手前で数人の子どもが石を拾いましたが、これは子どものイニシアチブによるものでした。街灯の下で立ち止まって、しばらくの間、その石を街灯にコンコンと打ち付けていました。

一方、三〜四歳児の「森のクニュータナ・グループ」が基地に向かうとき、移動する途中でいくつかの儀式を行っていましたので、その様子を紹介しましょう。

保育者のオーサが担当する「森のクニュータナ・グループ」は、森に行くことになっていました。私たちが園庭を出るとき、二つに枝分かれした松の木に向かって歩き出しました。一人ずつ順番に、子どもたちが松の木の間を少し登って、くぐり抜けていきました。一人の女の子に、「木の間を通り抜けることにどんな意味があるの？」と尋ねると、次のように答

えてくれました。

「これは、クニユータナの場所に行くためのドアなのよ。ここをくぐり抜けないと、それ以上先に行くことができないの」

全員がその木をくぐり抜けると、集まって輪になって言葉遊びを唱え、グループの活動をはじめるための歌を歌いました。

森にたどり着くと、オーサが数字の書かれているブロックを持ち上げ、木に向けました。このブロックは、アパートの入り口にある暗証番号を入力するためのボックスに見立てたものでした。子どもたちは一人ずつ、いくつかの枝の下で「自分の暗証番号」を入力してから森に入っていきました。

もう一つの「森のクニユータナ・グループ」は、森へ入ることを表すために別の儀式を行っていました。グループが園庭を出る前に、一人の子どもが「スタートボタン」を押すのです。そのボタンは、街灯にある穴でした。森のそばまで来ると、保育者が子どもたちに「リモコンを持っ

（原注１）私は、殻をもっているナメクジを「カタツムリ」と呼ぶと教えられてきましたが、ここでは、子どもも数人の保育者も「ナメクジ」と呼んでいました。

てきましたか?」と尋ねます。それに答えるかたちで、子どもたちは腕を森に向けて伸ばし、ドアが開くときのような音を声に出していました。

このようなことから、目的地までの道を進むためのサポートとして、さまざまな行為が準備されていることが分かります。このような行為は、目的地に向かって歩くことを促しながら、見通しを立て、子どもたち自身を導く「助け」として使われています。また、このような行為は、いつも同じ方法で、停留所といった特定の場所で足を止めて行われており、前述したように「儀式」となっていました。

さまざまな場所までの道のりにある停留所は、それ自体が「場所」となります。鉄道の駅や待合室のように、一時的に集まる場所になるわけです。子どもたちは、停留所を認識することを学びますし、次に何が起こるのかについて見通しを立てることができるようになります。

「森のクニュータナ・グループ」の基地に向かうためのドア

たとえば、巣箱の中にはオウムがいて、姿を見せてくれることを楽しみに待ちます。道の途中で子どもたちに目印を意識させることによって、彼らは「場所」というものを見つけることを学んでゆくのです。と同時に、就学前学校の園舎と使用される場所が結び付くことになるわけです。

さらに停留所は、保育者にとって、野外で子どもたちを先導する際に生じる実務上の問題を解決してくれます。停留所は、境界線のない環境でも目印としての機能を果たしてくれますし、保育者がグループを集める機会と、遅れてくる子どもたちに対して小言を言う必要がない、「待つ」という機会を与えてくれます。

場所の境界線づくり

年長児である「リス・グループ」の基地は決められた境界線をもっており、明確にそのことを意識するように子どもたちは言われています。新しい子どもがこのグループに入ってきたときには、サポートする保育者が、その子どもと一緒に周辺の境界線を歩いて回ります。

一方、年少児である「ハリネズミ・グループ」の基地の場合には、はっきりとした境界線がありません。保育者のクリスティーナに、「子どもたちは、境界線がどこまでなのかについてどうやって知るのか?」と私が尋ねたところ、彼女は次のように答えました。

「実は、彼らは知らないのよ。遠くに行き過ぎたときに分かるわ。そのときは、このように言うの。『あっちの森は、私たちが知らない森なのよ。こっちにおいで。この森なら、私たちは知っているわね』」

そのため、年少児の基地における境界線のほうがより流動的であると言えます。子どもたちは、遠くに行ってしまったり、大人に連れ戻されるまで、境界線がどこまでなのかに関しては知らないのです。

このようにして子どもたちは、目に見えない境界線がどこまで続いているのかという感覚を得ることになります。基地の先にある様子について話すことでクリスティーナは、親しみのある場所、つまり私たちが知っている森と見慣れない場所、要するに基地に属さない場所との間に境界線をつくり出しているのです。小さな子どもたちのほとんどが大人の近くで遊ぶことになっているようでしたが、このこともまた、見えない境界線のなかに子どもたちを留めておくためのルールとなっていました。

子どもたちのグループを基地内に留めておくために用いられる習慣として、特別な「呼び声」を使うということも挙げられます。リス・グループが使っている呼び声は、「赤い羽根(Röda Fjädern)」という、ある賢いアメリカの先住民族女性にまつわる物語に由来するものです。一〇年前、ある民族博物館でこの物語を聞いた保育者が、叫んだときに子どもたちが出てきたくなるように感じてもらうため、この物語の実演を続けてきました。時々、保育者の誰かが「赤い羽根」に扮装して、子どもたちに会うために森を訪れています。

以上のことから、自分たちの場所に属さない部分との境界線を引くためにさまざまな行為が行われていることが分かります。一般的な就学前学校では、壁、フェンスといった物理的なもので境界線を設けているわけですが、森にはそのようなものはありません。ここでは、違った方法で境界線づくりが行われていました。

子どもの年齢にあわせて、保育者は子どもたちを場所内に留めておくためにさまざまな行為を用いています。年長児には動いてもよい範囲の制限が設けられており、どのくらい遠くまで行ってもよいのかについて明確に知らされていますが、年少児は、遠くに行き過ぎたときには保育者に連れ戻されたり、大人が近くにいることで、どのくらいまで行ってよいのかといった感覚を身につけるようになっています。さらには、特別な呼び声が子どもの注意をひいて、集合させるために使われていました。前述の儀式と同様、この行為はワクワクする方法で保育者がグループをまとめ、場を構成するための助けとなっていました。

教育活動とケアのための場所

　年間を通して各グループは、通常一週間のうち三日を基地で過ごしています。基地では、教育活動の実践と子どもの自由遊びが行われています。また、ケアも重要な部分となっており[1]、とくに夏季の間は、先述のとおり終日を森の中で過ごすことがよくあります。基地で食事をとり、昼寝をし、それから自分たちの要求を満たすわけです。

　それぞれの機能にあわせた場所が用意されています。就学前学校に多様な目的をもつ部屋が備わっているように、基地にも「集会室（サムリングルーム）」、「食堂」、「寝室」、そして「トイレ」［参考文献109・112］が備わっているのです。そこでは、就学前学校と同様の実践が行われています。ハリネズミ・グループの基地で展開されたサムリングの様子を例として挙げておきます。

　子どもも大人も、みんな丸太リングの決められた場所に座ります。サムリングのリーダーである保育者のマーリンは、地面の上に一枚の布を広げます。この布の色は、緑と白に分かれています。

マーリンは、子どもたちが着ている服の特徴を尋ねることで出席をとりました。彼女は、シャツに花の絵がついているのは誰か、長靴の片方にムカデ、もう片方に虫の絵がついているのは誰か、袖が青と白になっている縞模様の緑色のシャツを着ているのは誰かといったことを聞いていきます。子どもたちは、自分や仲間の洋服を探しながら答えていきます。

子どもの名前が呼ばれると、すぐに彼女はその子どもを象徴する人形(2)をバスケットから取り出して、先ほど広げた布の白い部分に置きます。この日は全員が出席していましたが、誰かが欠席したときは、その子どもの人形は緑色の部分に置かれて、休んでいる理由について話します。

全員の名前が呼ばれると、子どもたちは「こんにちはの歌」を人形に歌ってあげます。また、その場にいる子どもと保育者一人ずつに注目するための歌もみんなで歌います。

---

(1)　一九六八年に全国委員会が出した保育に関する報告書（一七ページ参照）は、その後のスウェーデンの保育における政策に強い影響を与えました。とくに、保育園とプレイスクールの二つを就学前学校システムに合体させ、親が働くことを可能にするとともに子どもの利益にもつながるようにしています。ケアと教育を密接に関連させて実施するというこの概念を「エジュケア（養護と教育の一体性）」と言っています。

(2)　スウェーデンでは、慣らし保育のときから親がつくってくれた子どもを象徴する人形を使って出席をとる就学前学校が多くあります。言うまでもなく、就学前学校に来て親から離れている間、子どもたちは自分の人形をなぐさめたりすることができます。言うまでもなく、子どもが安心感を抱くのに役立っています。

この例は、森での滞在が普段どのように進められているかを示しています。どの年齢のグループも、丸太リングでのサムリングの時間から森での滞在がはじまります。サムリングは、いくつかの呼びかけによってはじまっています。そのほか、歌を歌ったり、言葉遊びを唱えたり、座ったままできるゲームを行っています。

年長児のサムリングはさらに長く、そこにはいくつかの要素が含まれています。たとえば、リズム楽器を演奏したり、休日の思い出を話したり、ある物に触れることなくそれが何かを当てたりするといったゲームを行います。サムリングはおやつで終了しますが、その内容は、フルーツかサンドイッチのどちらかに飲み物といったものとなっています。

多くの就学前学校で行われているこのようなサムリングは、子どもが登園する朝九時に行われる「点呼」、「歌」、「遊び」をともなっており、ほとんど同じパターンのものとなっています［参考文献74］。さらにスウェーデンの就学前学校では、床の上に輪になって座るという行為が長い間伝統となっています［参考文献73］。つまり、丸太リングに座ることは、床の上に輪になって座るという方式を踏襲したものなのです。

先述のとおり、基地には「食べる」、「寝る」、「休む」といった要求を満たすために特別な場所が設けられています。ハリネズミ・グループの基地の場合、食事スペースは草がまばらな広くて平らな岩場となっていました。ここが食事スペースに選ばれたのは、直接地面に座って食べるほうが、お弁当箱を置くことが難しい丸太リングよりも簡単であるという理由からです。以下の観察記録は、ハリネズミ・グループがどのようにして昼食をとっているのかを紹介するものです。

一人の保育者が、「レインボーゲン野外就学前学校」から運んできたプラスチック製の箱や容器に入れられた食事が積み込まれたベビーカーを押してきました。この日のメニューは、ポークチョップ、マッシュポテト、野菜でした。

子どもと保育者は、丸太リングと同じ順番で自分のレジャーシートの上に座ります。一人の女の子が、長靴を脱いで、つま先でつついていました。すると、保育者のマーリンが注意をしました。

「食卓で、つま先を触ってはいけません」

もう一人の保育者カーリンがテーブルクロスを広げました。これが配膳台となります。彼女は、子どもたちのマグカップに食事を分けていきます。それを、二〜三人の子どもが友だちに配って回ります。

食事が終わりに近づいたころ、二人の子ども（エレンとウルリカ）が向きを変えて、昼食前に使っていたいくつかの小枝で遊びはじめました。もう一人のリーサは、彼女らとは反対側に行きました。

マーリンが彼女に、「リーサ、こっちに来て、自分の席に戻りなさい。私たちはまだここに座って食べているのよ。これからフルーツをいただいて、食卓の片づけをしますよ」と声をかけました。すると、一人の子どもがマグカップを集めて片づけをはじめました。

このエピソードにある昼食の光景は、いくつかの点で就学前学校における室内での食事風景と似ています。森の中にいるにもかかわらず、肉・ポテト・野菜・フルーツといった温かい食事が提供され、テーブルクロスが配膳台のように使われています。子どもたちが仲間に食事を配るといった手伝いをしていますが、子どもに配膳の手伝いをさせることは、スウェーデンの就学前学校では一般的な行為であることを思い出させてくれます。

「食卓では」とか「食卓を片づける」といった言葉を使っていることで、食卓のそばに座っているような感覚をつくり出しています。また、毎日決まった席順に座らなければならないようですが、これも就学前学校や多くの家庭で一般的に行われていることです。さらに保育者は、子どもたちにテーブルマナーを守るように要求しています。たとえば、足を触れてはいけないとか、食卓で遊んではいけないといったことです。

昼食を終えると子どもたちは、保育者の引率のもとトイレに行きます。それから休息の時間となります。一番小さな子どもたちはベビーカーの中で昼寝をしますが、少し大きくなると、午前中に保育者が設営した「風よけ」の中で休憩します。この「風よけ」の下には毛布が広げられています。

子どもたちは帽子と長靴を脱ぎます。ズボンと靴下をはいたままの子どももいれば、下着とTシャツだけになりたい子どももいます。お昼寝の担当である保育者のアニータは、八人の子どもを並べて寝かせ、その上に、一人ひとり毛布をかけました。

おしゃぶりをしている子どももいます。アニータは、毛布がちゃんとかかっていることを確認して、子どもたちのそばに横たわってお話を読んで聞かせました。お話を聞いている間、女の

午睡をする年少児のグループ

――子の一人が腹ばいになり、松葉を拾い上げていました。寝る子どももいますが、寝ない子どもは、少し休んだら起き上がって遊びの続きをすることができます。

年長児のグループを観察していたときのことですが、保育者が長編のお話を読んであげている間、睡眠用マットの上で輪になって横になっていました。このような行為でさえ「一般的な」就学前学校における室内での習慣に似ており、私の経験からすれば、昼食後の「休息」、小さな子どもたちの「午睡」、そして年長児には「読み聞かせ休憩」といったことは一般的なものと言うことができます。

以上のことから、各グループが使用している基地は、週に数日間はサムリング、食事、休憩、遊びといったさまざまなことを行うための「部屋」が備えられたものであることが分かりました。そのような「部屋」がもっている機能の多くはケアに関連するものであり、ケアが重要な位置を占めているスウェーデンの「就学前学校カリキュラム」にしっかり則ったものとなっています〔参考文献81〕。

基地をさらに細かい部分に分けることで構造と秩序がつくり出され、保育者が活動を組織化する際の助けとなると同時に、子どもたちにとっては、その環境において正しい行動を取るための規範となっているのです。

遊びのための場所

「レインボーゲン野外就学前学校」では、森での遊びに高い優先順位が与えられています。昼食を遅めにとるという日課があることで、森の中において数時間の滞在が可能となります。それには明確な目的があります。子どもたちに、継続して自由に遊べる時間を確保しているわけです。つまり、子どもたちがやりたいことを自由に選択できるだけの時間を確保しているということです。

「レインボーゲン野外就学前学校」の園長は、子どもたちが森の中での遊びをどのように組織しているかについて話をしたとき、「安心できる遊び」という概念を使っていました。それは何よりも、遊ぶ場所がどのような環境かを子どもたちが知っていて、前日までしていた遊びを翌日も同じ場所で続けられるということを意味しています。

夏休み明けに就学前学校が始業したときには、森の中での遊び方の可能性を示すことに重きを置いていました。森の中では、子どもたちは主に自然の素材で遊びますが、秋に「レインボーゲン野外就学前学校」に新しく入園してくる子どもにとっては、「自然の中でどのような遊びの機会があるのかについて理解することが難しいときもある」と園長は言っています。

子どもが就学前学校に通いはじめて少し月日が過ぎると、できるだけ子どもたちだけで遊ぶように保育者は配慮しています（子どもの近くにいるようにはしていますが）。そして、春学期になると、自由時間の間、子どもたちは保育者がいなくても遊べるようになります。

私が「レインボーゲン野外就学前学校」で調査をはじめた当初のことですが、私は保育者のアンナが、エドビン（三歳）とマリア（五歳）という新しい子どもに基地を案内している様子を観察しました。すでに「レインボーゲン野外就学前学校」で長い時間を過ごしているスティーナ（五歳）もついてきました。

アンナがヒモを小枝にくくりつけて「釣り竿」をつくりました。エドビンとマリアにそれを渡すと、一緒に「魚釣り」をするために溝まで行きました。エドビンが魚を釣り上げました。スティーナもまた釣り上げました。スティーナは、アンナの前で想像の魚をブラブラと揺らしました。アンナが、「あら、私にかみついたわ！」と言っていました。

アンナは火をおこす真似をして、乾いた小枝を積み重ね、マリアに「火をおこすように」と言いました。アンナは「やけどしないように気を付けるのよ」とも言いました。彼女はたき火のそばにしゃがんで、「魚」を焼く真似をしました。それからしばらくすると、アンナと子どもたちは一緒にそこを立ち去りました。

アンナが子どもたちに木登りをしようと提案し、そのあと、虹を眺めるために山登りをしようと誘いました。山登りの途中、彼女は岩の割れた隙間を指さして、「ここには以前、トラが棲んでいたのよ」と言いました。

山頂には、いくつかの石ころの上に板が載せられていました。アンナが、「板の上を歩いてバランス遊びをしたければ、横を一緒に歩いて、支えてあげるよ」と言って誘っていました。

年少児のグループで、新しく入園した子どもに対する慣らし保育を担当しているマーリンにもついていって観察を行っています。そのときの様子を紹介しましょう。

マーリンは、ミカエル（三歳）とオスカー（一歳半）を、年少児がいつも「オートバイ」と呼んで乗るまねをしている松の木に連れていきました。三人全員でその上に座りました。

次の日、ミカエルがマーリンに、その松の木まで一緒について来て欲しいと懇願しました。二人がそこに座り、ミカエルはブルンブルンとエンジン音のような声を上げていました。

マーリン　私たちはどこまでドライブするの？

ミカエル　イーカ（ＩＣＡ）(3)までさ。今、ドアを閉めているところだよ。
マーリン　ドアがあるの？
ミカエル　バスにはね……。ハロー！　マクドナルド！
マーリン　それは、おいしいよね。それじゃ、あなたは何にする？　私は、ハンバーガーとフライドポテト、それにコカコーラがいいわ。

ミカエルは、立ち上がって歩いていってしまいました。彼は、イケア（ＩＫＥＡ）で買い物をするまねをして、セイヨウナナカマドを持って戻ってきました。

紹介した二つの事例は、さまざまな遊びの可

「オートバイ」と呼んでいる松の木

能性を保育者がどのように紹介しているのかを示すものです。二人の保育者は、自然環境が木登りやバランス遊びといった身体活動に利用できることを見せており、そのような活動を試してみるようにすすめています。また、自然環境がどのようにごっこ遊びのなかで象徴的に利用されているかについても見せています。溝は小川に見立てることができますし、松の木はオートバイになったり、小枝で火をおこすまねもできるといったようなことです。

子どもとの遊びを通して、遊びや空想に対して妥当性を与えることができるのです。年少児のグループの例でミカエルは、マーリンがオートバイだと紹介した松の木をバスに見立てて、イーカやイケア、そしてマクドナルドに出掛けるといった、就学前学校外での生活を通して知っている行動を遊びに発展させています。

このように、「レインボーゲン野外就学前学校」は、自由遊びに多大な重要性をもたせているのです。保育者たちは、遊びのために長くて継続的な時間を与えており、新しい子どもが入園するときには遊びに参加して、各グループが使用している基地でのさまざまな遊びの可能性を見せるようにしていました。

（3）　スウェーデンにある大手チェーンのスーパーマーケットのことです。

場所が意味をもつということ

調査対象の就学前学校で使用されている自然の場所は、さまざまな行為の実践を通してレルフ（一一〇ページ参照）が使用した概念のような意味において、アイデンティティをもつようになっていました［参考文献71］。使用されている場所は、環境に対して物理的な境界線が引かれており、先述のとおり、保育者と子どもたちのために特別な機能をもっています。また、その場所には象徴的な意味が与えられています。

保育者と子どもたちは、さまざまな実践を通してアイデンティティをつくり出すことに貢献していました。のちの第6章と第7章では、子どもたちの遊びと、それらが場所にアイデンティティを与えるためにどのような貢献をしているかについて説明をしていきます。

保育者は、目的地に行くまでに毎回同じ道をたどり、決められた場所で立ち止まります。つまり、「停留所」を設けるといったさまざまな日課をもっているわけです。このような日課によって、子どもたちはその場所に至るまでの道を認識できるようになると同時に、その場所を就学前学校の建物とつなげることができるのです。

保育者は特別な場所を選んでいますが、そこは、その場所に属さない領域と区別がなされています。これは、レルフが場所の識別を意味した側面の一つに対応しています［参考文献71］。つまり、ある領域が場所として立ち現れるためには、その場所に属さない環境から区切られている必要があるということです。

一般的な就学前学校では、物理的な障害が設けられています。壁のある施設が室内環境を区切っているわけです。通常、園庭はフェンスや門のついた柵、時には子どもが簡単には出られないようにロックされていることもあり、外側の領域との区別がなされています。

スウェーデン・ルンド大学の民俗学者エーン（Billy Ehn）は、就学前学校のことを、「子どもたちを閉じ込めておくための拘置所」と言っています［参考文献18］。森の中では、壁、ドア、フェンス、門といったものがありません。その代わり、子どもたちを場所に留めておくための特別な行為が用意されています。年長児は境界線がどこまでかについて学んでいますし、年少児は遠くに行き過ぎたときには連れ戻されます。これに加えて、子どもたちを集合させるための特別な「呼び声」も使われています。

これらの場所には一週間に数回といったように定期的に訪れていますが、これによって、日課や共通認識が確立されるというよい条件をつくり出しています。基地では、食べる、休む、遊ぶといった基本的な人間の欲求のために、森の中のさまざまな部分が使われています。

基本的な欲求を満たすために使われる場所は、レルフによると、深くて象徴的な結び付きが生み出されます［参考文献71］。と同時に、このような場所には、家庭あるいは就学前学校のような特徴があります。つまり、家庭や就学前学校と同じようなケア機能をもっているということです。基地がさらに小さな場所に分けられて、それぞれ特別な機能をもつことによって部屋の感覚と秩序がつくり出されているわけです。

また、その場所を訪れるたびに同じ日課をこなすことで、ある種の「意味づけ」と「秩序」がもたらされます。時間と空間のなかで組織されていったこのような意味づけと秩序は、大部分が従来の就学前学校にある設備・内装・物品などと同様の機能を果たすようになっています［参考文献63］。つまり、就学前学校の設備が森の中で再現されるときには自然環境が家庭として扱われ、野生的で手つかずといった特徴が消え去り、家庭的で、秩序があり、安全な場所へと変わるのです［参考文献109・112参照］。

儀式的および文化的なさまざまな要素を通して、場所には象徴的な意味づけが与えられます。レルフは、言葉、儀式、象徴の助けを借りてこそ、場所は意味を得ることができると主張しました［参考文献71］。さまざまな日課のように儀式は定期的に繰り返されるわけですが、これらには象徴的な要素があるため、通常の日課とは異なるものとなっています。（原注2）

これらの儀式を通して、場所や自然の要素に象徴的な意味が与えられることになります。別の場所に移動することを示すために木の間を登って抜ける、あるいは暗証番号を入力するといった大人のイニシアチブによって行われる儀式の多くは、別の部屋や別の次元に入っていくという幻想をつくり出すための方法なのです。

また、これらの儀式は「集団意識」の形成に寄与します。つまり、一緒に出掛けるグループ、独自の名前、言葉遊び、歌を歌っているグループといったようにです。森までの道のりでは、森を「開けるため」に暗証番号を入力しようとボックスやリモコンが使われました。このような象徴は、現代の都市生活に由来していると同時に、聞いた者には「眠り姫」といった民話を連想させることでしょう。また、「赤い羽根」と呼ばれるアメリカの先住民族の女性が森に現れましたが、これはその場所に魔法がかけられたことを意味しています。

さらに保育者は、自然環境がごっこ遊びのなかにおいてどのように利用できるかといったアイデアを伝える役割も果たしていました。レルフによると、場所に意味を与える方法は、原始的な社会を特徴づけるものと共通しています［参考文献71］。つまり、そこには空間に意味を与える神話や象徴が存在するということです。

場所のアイデンティティを創造する際には、物理的な環境における特徴が大きな意味をもつこ

（原注2）『百科事典』（二〇一〇年）では、儀式は「象徴的な意味合いをもっている標準的で制度化された行動」と定義されています。

とになります。保育者は、ケアに適している場所であると同時に、遊びと年齢に適した身体的な活動ができる場所を選んでいました。基地のなかでは、さまざまな目的に合わせて特別な場が設けられていました。たとえば、昼食のためには平らな岩場といったようにです。ちなみにレルフは、場所というものは、たとえ人間の行為による産物でなくとも、物理的な環境にその起源をもつことがある、と考えています［参考文献71］。

第5章

学びの場としての自然

本章では、学びのための環境としての自然について説明をします。野外学習を紹介したあと、「雨の日も晴れの日も」のガイドラインにおける学習に関する部分について発展させていきます。さらに、野外学習が実際にどのように行われているのかについて、「レインボーゲン野外就学前学校」での観察を用いて説明します(原注)。

(原注) 本章は、以前に出版された論文集［参考文献109］の一部をもとにして構成されています。

野外での学習

リンショーピン大学の「環境・野外教育センター（Centrum för Miljö- och Utomhuspedagogis : CMU)」は、野外教育について以下のように定義しています。

> 野外教育とは、経験と内省の相互作用による学習を目的とするアプローチであり、確実な状況で起きた具体的な経験を基にしたものである。さらに、野外教育は学際的な研究領域であり、とりわけ次のことを意味する教育領域である。
> ・学びのための教室が、社会、自然、文化的な風景にまで広がる。
> ・感覚的な体験と教科書による教育の相互作用が強調される。
> ・学びにとって場所が重要であることが強調される。［参考文献87］

リンショーピング大学の教育学教授のダールグレン（Lars Owe Dahlgren）［参考文献11］と同じく、リンショーピング大学の野外環境教育センターの所長であるアンダーシュ・シェパンスキー（Anders Szczepanski）［参考文献87］は、壁に囲まれた教室の中での学習は人類の歴史のなか

でも新しい現象であると指摘しています。

一八四二年にフォルクスクーラン（小学校）[1]が導入される以前は、子どもや若者は農場や作業場といったところで作業に参加するという形で知識を継承してきました。教室での教育は、学習から手作業を切り離してしまうことを意味します。そのため、学習の大部分が教科書をもとに築かれることとなり、教育は教育者によってなされるものとなったわけです。実践は理論から切り離されたものとなり、子どもたちが自らの知識を実践して試すという機会が少なくなりました。

この二人による野外教育の議論は、四方を囲んでいる壁の中で教育を実践することがもっともよいとする伝統的な教育法に対して、野外教育が重要な補完をしているというものとなっています。彼らは、異なる環境の間で生じる相互作用が、成果の高い学習における重要な要因になると論じているわけです。

彼らが提案しているさまざまな種類の野外環境は、「就学前学校の園庭、学校の校庭、公園、埋め立て地、浄水場、あるいは近隣の自然、そして文化的な風景」［参考文献12・９ページ］です。このような環境との出合いは、感覚的な認知、感情、内省を一致させるだけの経験を与えてくれ

（１）（folkskolan）一八四二年から一九七二年まであったスウェーデンの義務教育の小学校のことです。現在は、グルンドスクーラン（基礎学校・Grundskolan）という九年制の義務教育になっています。

ます。野外に出ることで、感覚や身体は活性化されます。これによって、子どもはより集中し、覚醒し、学習に対してより多感な反応を示すようになるのです。

さらには、学習をより確実なものにすることができます。たとえば、その場で起きた人間活動や自然現象の形跡を研究することで、単にそれについて読んだり、写真で見たりすることとは異なる理解のための条件をつくり出してくれます。経験は、そのあとに行う内省の出発点にしなければならないのです［参考文献12］。

スウェーデン国営ラジオ局（Sveriges radio）が二〇一三年に出版した『知識の世界（Vetandets värld）』［参考文献85］では、このような考え方が支持されていました。認知科学の教授であるペーター・ヤーデンフォーシュ（Peter Gärdenfors）によると、精神が集中していればいるほど新しい知識を吸収することが容易になるということです。見る、匂いを嗅ぐ、聴く、触るといったことを活性化させてくれる行為は、学んだことについて記憶することをより容易なものにしてくれます。また、身体を使った体験は学習の一部にもなります。身体的な経験は記憶をより強くしてくれるのです。身体を通した、そして感覚を通した記憶によって、知識が現実のものとなるのです。

ヤーデンフォーシュはさらに、ある種の知識を学ぶためにはさまざまな感覚が関与する野外が最適であるとしたうえで、ものを書いたり、数を数えたりすることを練習するときのために静かな環境が必要であると言っています。またヤーデンフォーシュは、『Lusten att lära（学ぶ楽しみ）』［参考文献31］という本のなかで、さまざまな種類の記憶と、子どもが学ぶ際にどのようなプロセスを辿っているのかについて解説をしています。理解力を高めるためには、それが使われている文脈に知識を関係づけることが重要となります。そしてそれは、教室の外で行うことでより簡単になります。

リンショーピング大学の講師で、野外教育研究家のエミリア・フェゲルスタム（Emilia Fägerstam）が書いた論文［参考文献26］では、野外教育に参加した高校生がいくつかの点でポジティブな発達を見せていたことが示されています。

フェゲルスタムは、週に一度野外で授業を受けた生徒のグループと、室内で教育を受けた生徒のグループを一年にわたって追跡調査をしました。それによると、野外で教えられた生徒たちのほうが集中力、協調性、積極的な参加という点で優位性を示し、教室内における社会的な行動についてもよいという結果が出ました。

さらには、室内で授業をずっと受けていた生徒よりも、数学の成績においてよい結果を示したとも言います。両方のグループには同じ問題が与えられていたのですが、野外で授業を受けたグループはそれをグループ内で解決し、計算をしている間も場所を移動するなどして身体を動かしていました。

「雨の日も晴れの日も」のテキストに見る学び

第3章では「雨の日も晴れの日も」の活動全体におけるガイドラインについて述べましたが、ここでは、それらの学びについての記述をより詳細に見ていくことにします。

子どもと学びに関する見解

いかなる活動でも、常に子どもたちを中心に置かなければならず、子ども一人ひとりの経験、興味、ニーズを基本としていなければなりません。子どもは、さまざまな方法やさまざまな状況で学んでいるため、一人ひとりの子どもに合わせることが重要となります。保育者には、子どものそばにいて、彼らが表現することについて敏感に反応することが求められます。また、子どもを中心に置くということに関しては集団レベルでも同じです。そうすることで、グループ全体の子どもの経験、興味、知識が学びの基準を設定することになります。

前述した『基礎教本』〔参考文献99〕によると、子どもは学びと探求について元々欲求をもっているとされています。自然環境は活発な探究の機会を提供しますし、子どもたちは学ぶための場所を得ることができます。そこでは、触ったり、味わったり、見たり、聴いたりすることができます。さらに、動き回われることが重要となります。つまり、子どもたちは全身を使って学んでいるということです。

体験に基づく学びが重要であることが強調されています。そのような学びは、あとから一緒に振り返り、分析し、発展させることができるといった直接的な体験を通した、具体的な経験をもとになされるものなのです。体験をもとにした学習という概念は、アメリカの組織行動学者であるデイビッド・コルブ（David Kolb）の学習理論に由来するものですが、これについてはルーレオ技術大学の講師であるスヴェン＝グンナル・フルマルク（Sven-Gunnar Furmark）が説明をしています［参考文献25］。

コルブの理論は、ジョン・デューイ(2)の学習理論によって発展していきました。体験に基づく学びは、ホーリスティック（全体性）な視点に基礎を置いています。

「子どもは、考える、感じる、身体的な、感情的な、精神的な、そして社会的な存在である……感覚と事実の両方がとても重要である」［参考文献99・43ページ］

『基礎教本』では、体験に基づく学びは五つの段階によってなされると説明されています。

(2)　(John Dewey, 1859～1952)　アメリカの社会心理学者、哲学者、教育学者で、元コロンビア大学の名誉教授。

①**直接体験を通した具体的な経験**――あらゆる感覚を使って、また実際の状況下で何が起きているかに対してオープンな気持ちをもって個人的に体験をすること。生徒／子どもの経験を出発点とすること。「今ここ」の体験。

②**リフレクション**――参加者自身による振り返り。オープン・クエスチョン。「どこで、いつ、どのように、何が、誰が」ということを、できれば他者とともに行うこと。

③**教師による分析とフィードバック**――生徒／子どもたちの認識を確認し、試してみる。一緒に新しい考えを発展させる機会を与えるといった共通の体験をもつ。

④**発展、新しい行動**

⑤**新しい経験**――新しい体験について理解し、それを活用できるようにする。［参考文献99・43ページ］

体験に基づいた学びに関する概念であり、しばしば言及されるのが「冒険」です。つまり、自然の中でのワクワクするような体験によって子どもたちを夢中にさせ、興味を抱かせようとするものです。そのような体験は、前述した五つの段階の最初のステップとなり得るものですし、共有されるリフレクションの基礎を築くことにもなります。

また、感覚の重要性が強調されています。楽しさや喜びといった経験は、学習のため、そして自然に対するポジティブな感覚をつくり出すための重要な前提条件ともなります。

「森のクノッペン」〔参考文献102〕、「森のクニュータナ」〔参考文献45〕、「森のムッレ」〔参考文献75〕のリーダー用の教本では、学びについての見解が、子どもの年齢に対応した形で展開されています。子どもが自らの環境を発見するにあたって、以下の三つの発展段階があるとされています。

発見の段階――「これ見て！」とか「ワァ！」という歓声が上がったら、大人は一緒に体験し、一緒に好奇心を示すだけでいいでしょう。

調べる段階――子どもが「これ歩けるよ！」とか「何か食べてる！」、「やわらかい！」と言ったとき、大人は一緒に発見し、一緒に調べることで、子どもを支援することができます。

考える段階――大人が介入しないでそのまま調べさせていると、子どもたちは自分で考え、質問をするようになります。その段階になったら、大人が答えてあげましょう。あるいは、どのようにすれば知識と答えを得られるかについて教えてあげればよいのです。

〔参考文献102・17～18ページ〕

次の発達段階は、野外生活推進協会が長年にわたって使用してきた「概念の階段」に沿ったものとなっています。最年少の子どもは階段の下位レベルに位置し、最年長の子どもはすべての階

図　概念を広げるための階段

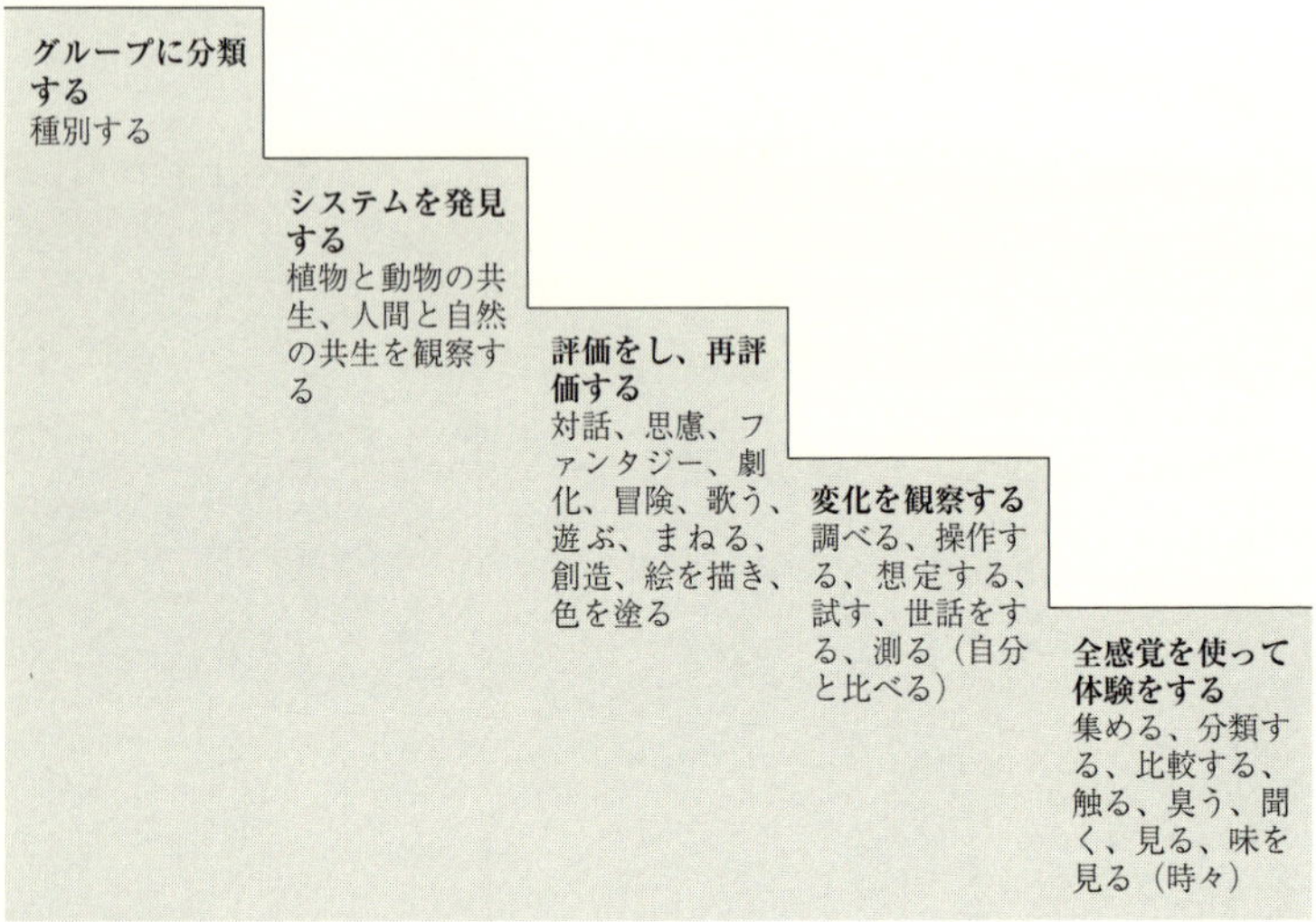

出典：Wihlborg, Johansson & Andersson, 2010, p.19

段を上っていると考えられています。

野外生活推進協会の学習アプローチは、ＣＭＵ（一三八ページ参照）やシェパンスキー（一三八ページ参照）のものと類似しています。野外教育法の強みは、子どもたちが身体全体とすべての感覚を使った経験や体験を提供できることにあります。これによって、子どもたちが積極的に、また感情的に取り組むことができるのです。

子どもたちには、学ぶためのモチベーションとインスピレーションが与えられます。学ぶことが楽しいと感じるとき、また子どもが夢中になって取り組んでいるときに理性と感情が結びつくのです。野外教育は、子どもたちが体験したことをみんなで一緒に振り返ることで、関係性と全体性を理解する機会を提供してくれると考えられています。

就学前学校における内容

子どもたちが何を学ぶべきであるかという知識の内容に関しては、その内容が自然と環境に関したものであることが『基礎教本』と幼児向けの活動のために書かれた『教授本』において強調されています［参考文献99・101］。この二つに加えて、『教育手法テキスト』［参考文献100］があります。このテキストでは、就学前学校および基礎学校のカリキュラムと「雨の日も晴れの日も」の教育手法を統合したうえで、カリキュラムに規定されたさまざまな目標に合わせた具体的な活動が提案されています。

学校のための『教育手法テキスト』には、各科目に応じた手法と、野外でどのように活動するかについての事例が記されています。一方、就学前学校のための『教授本』には、就学前学校カリキュラムに合わせた活動例が提示されています［参考文献101］。どの実習例にも、関係する就学前学校カリキュラムの目標が設定されています。その実習内容は、第3章で述べた活動方法に基づいたものとなっています。

就学前学校向けの『基礎教本』と『教授本』からの情報を合わせることで、私が理解するところの活動内容を記述したいと思います。第3章でした二種類の分類、つまり「自然についての学び」と「自然を通した学び」に則って記していきます。

「自然についての学び」に関する内容

自然の知識——重要なことは、植物や動物について学ぶことです。野外では、動物のあるがままの姿を見る機会と、カエル、鳥、虫といったさまざまな動物について学ぶことができます。野外生活推進協会からは、保育者と子どもが一緒に使用できる、植物を種に分類するといった教材がたくさん出されています。

　さらには、自然の循環をさまざまな方法で可視化するための工夫がなされています。就学前学校では、コンポストを設置したり、栽培をしたり、自分たちでウサギやニワトリを飼育したりすることができます。このようにすることで、自然の循環を追跡すると同時に、生と死について考えたり、動植物に対する責任をもつ機会を得ることができます。

自然享受権——自然の中で「やっていいこと」と「やってはいけないこと」を学ぶことは、この教育手法のなかで重要な一つとなっています（五二ページの**訳者コラム3**を参照）。

野外生活——もう一つの中心的な内容は、子どもたちに将来の野外生活に備えさせることです。子どもたちは、野外食の調理法、小屋や風よけのつくり方、たき火のための穴のつくり方、カヌー、登山、スケート、スキーなどを学びます。

環境教育——子どもと大人が一緒に野外で楽しく過ごすことによって、自然を詳しく認識したり識別したりすることや、循環やその他のプロセスを理解すること、また野外生活を好きになることによって環境意識の基礎がつくられると考えています。さらに、子どもを環境対策に関与させるような環境計画にも取り組んでいます。活動例としては、あるものを再利用したり、ゴミの分別などがあります。

『教授本』には、自然に関する内容についての活動方法として次のような例を挙げています。

アリにエサをあげる

（対象年齢：二〜五歳）

就学前学校カリキュラム（Lpfö98）における目標

就学前学校は、一人ひとりの子どもに対して以下のような発達を援助する。

・すべての生きものを尊重し、身近な環境を大切にする。

・植物や動物の知識を培う。

・好奇心を深め、意欲を増し、遊びと学びの能力を向上させる。

活動の目的

子どもたちは、自然現象に対して楽しさと好奇心を感じるものである。子どもたちが知識を得るために、自ら探求し、実験する機会を与えられるようにする。

計画

近所にある大きなアリ塚を一つ選ぶ。必要に応じてアリについての話を読んだり、学んだりする。アリが食べそうなものを集める。

道具・材料

・アリ塚
・アリの食べ物（例：ミートボール、切ったリンゴ、リンゴまるごと、レタス）
・紙
・色鉛筆

実施

子どもたち全員をアリ塚の周りに集めて、注意深く観察します。何が起きているでしょうか？　アリたちは何をしているでしょうか？　子どもたちは、アリが何を食べると思っていますか？　食べ物を集めてみましょう。

子どもたちに、アリ塚の周り、アリ塚の上、アリ塚のそばに食べ物を置くように言いましょう。そして、あなたが自然から採ってきたものや、子どもたち自身が持ってきた食べ物をあげるようにしてください。アリ塚に繰り返し戻って、どうなっているのか観察しましょう。

考えを深める

食べ物がどうなったかについて、子どもたちと話し合いましょう。アリは、たくさんの食べ物をどうやって食べることができたのでしょうか？　少なくとも二回は絵に描いて、子どもたちが記録をつけられるようにしましょう。アリについての演劇を行ったり、歌を歌いましょう。

リフレクションについての保育者へのアドバイス

これらの活動は、なるべく少人数のグループで行いましょう。そうすることで、全員が実験や対話に参加することができます。

［参考文献101・19ページ］

この実習では、野外生活推進協会のアプローチが就学前学校の教授法に対応するようになっています。それぞれの活動を通して、就学前学校カリキュラムに書かれているどの目標を達成することになるのかが分かるようになっています。各活動の見出しも、多くの就学前学校の保育者が教職課程で学んだものにしてあります。さまざまな見出しのもと、「何が」、「どのように」、「なぜ」と聞いていく「ディダクティク教授法」[3]によって答えが導かれています。

ここで紹介したアリについて学ぶ活動は、実験をしたうえで、見たことや体験したことを振り返ること、そして後半では、絵を描いたり、劇や歌を歌うことによって経験を深めるというものでした。この実習は、二歳から五歳までの子どもを対象としています。その目的は、子どもが自然現象に対して好奇心や意欲を得られるようにすること、また調査と実験によって知識を得ることとなっています。

また、この実習は、先述した経験に基づく学びと非常に関係しているほか、子どもが身近な環境について探索するときの三つの段階とも関係しています。その三つの段階とは、「森のクノッペン・リーダー教本（Ledarhandleningen för Skogsknopp）」に掲載されている、「発見する段階」、「調べる段階」、「考える段階」（一四五ページ参照）のことです［参考文献102］。

これは、探索しながら活動するという手法が中心となっており、子どもたちのイニシアチブを活用することができるように活動過程がオープンになっています。それゆえ、今日主流となっている就学前学校の教授法に沿ったものであると言えます。

この活動では、子どもたちの感覚が活性化されるため、学んだことが覚えやすくなっています［参考文献31］。子どもたちはプロセスを実際に体験し、積極的に参加し、また夢中になれる機会が与えられるため、学びが促進されるというわけです［参考文献12］。

「自然を通した学び」に関する内容

『教授本』には、就学前学校カリキュラムの目標に対応した、異なる分野における発達や学びを狙いとした一連の実習が記載されています。それらは、言語、算数、人間関係、運動と、さまざまな表現手法を用いて創造する能力を身につけることです。ここでは、自然が学びの手段になっています。つまり、人は自然を通して学ぶということです。その具体例を挙げましょう。

言語の訓練——言葉や概念の発達、絵・文字・その他の記号の理解、聴く・話す・自分の考えを表現するといった能力を狙いとする実習。

（3）（didactics）教師が子どもに知識を一方的に伝達する教授法とは対照的な教授法で、子どもに「何が、どうやって、誰が、なぜ」という質問をしながら答えを自ら探求させる方法が中心となっています。

算数の訓練――意味をもった内容としての算数の理解と、量・形・数字・記号といった算数の概念の学習を発達させることを狙いとした実習。
人間関係の訓練――自分の身体のことを知り、自尊心を発達させる実習。ほかの人の意見を聴く能力、協力することや仲間意識を促進する実習。
運動の訓練――子どもたちの運動スキル、筋肉運動の整合、身体能力の認識を発達させることを狙いとした実習。
創造的活動――子どもたちがさまざまな自然素材を使うことによって創造の方法を学ぶ、また自分自身を表現する方法を学ぶことを狙いとする実習。

次は、自然を通した学びを狙いとする活動について、『教授本』に記載されている事例を紹介します。

松ぼっくり並べ

（対象年齢：三～五歳）

就学前学校カリキュラム（Lpfö98）における目標

就学前学校は、一人ひとりの子どもの、以下のような発達を援助する。

・意味のある文脈において、算数を発見したり使用したりする能力。

活動の目的

子どもたちが算数について理解すること。

計画

松ぼっくりがたくさん落ちている場所への遠足を計画する。

道具・材料

子ども全員が、各自松ぼっくりを入れる容器を用意する（砂糖袋(4)やバケツ）。

実施

子ども全員に、できるだけ多くの松ぼっくりを集めて袋の中に入れるように言います。そして、拾った松ぼっくりを長い列にするように言います。自分自身の身長がどれくらいだと

（4）丈夫な紙でできた袋で、幼児用の下げ袋に使うことができます。

思うかと尋ね、その長さだけ松ぼっくりの列をつくるように言います。それから、その列の隣に寝ころんでもらって、測るように言います。予想と合っていましたか？　松ぼっくりの数は足りましたか？　松ぼっくりはいくつ必要でしたか？

考えを深める

子どもたちに、自分たちの身長は松ぼっくりの何個分であったかを数えるように言いましょう。松ぼっくりはもっと必要でしたか？　袋の中に、松ぼっくりはいくつか残っていますか？　また、友だちと比べるようにも言いましょう。ほかの子どもたちの身長はどうでしたか？

ここで重要なことは、さまざまな算数の概念について話し合うこと、そして異なる結果に耳を傾けることです。

リフレクションについての保育者へのアドバイス

子どもたちに、たくさんの松ぼっくりが必要であること、またこれは松ぼっくり拾いの競争でないことを伝えておきましょう。この活動は、平らな地面の上で行うことが最適です。

［参考文献101・36ページ］

この実習のなかでも、野外生活推進協会の活動方法が伝統的な就学前学校のディダクティク教授法（一五二ページ参照）に合致するようになっています。「何が」、「どのように」、「なぜ」と聞いていく教授法で答えが導かれています。ここで子どもたちは、自然の素材や自分の身体を使って計測したり、数を数えたりするようになっています。さらには、子どもたちが一緒に振り返ることを通して、感じたことについて考えを深めていきます。

この活動の狙いは、子どもたちが算数の理解を深めることにあります。この実習もまた、より多くの感覚を使えば使うほど学んだことは覚えやすいという見解に基づいたものとなっています［参考文献31］。さらにこの活動方法は、小さな子どもたちにとって算数は、具体的な活動を通して学ぶ必要があるという私たち自身の知識にも合致します。この実習では、ほかの子どもたちとの協力や対話といった余地が存在するため、学びがより楽しいものになります［参考文献26］。

先に紹介した「アリにエサをあげる」に比べると、この実習には実験的な要素があまり含まれていません。この実習は、結果をより重視したもののように思えます。つまり、この活動は、数えたり測ったりすることについて学ぶものとなっているのです。

ここで、私がこの実習方法に対して批判的に思うことを述べておきましょう。それは、この方法がどのように意味のある文脈で算数の概念を適応しているのかという点です。松ぼっくりを数えるといった行為は、それほど日常的に行うようなことなのでしょうか？

文化遺産

自然を通した学びのさらなる内容として、文化遺産についての活動が挙げられます。かつては、食物を育てたり、自然環境の中で食べられる植物や薬草を見つけるなど、人々の暮らしは自然と密接につながっていました。文化的な景観はその内容の一部を構成しており、どのように自然が変化してきたかについて学ぶこともできますし、人々が暮らしていた場所の痕跡を見つけることもできます。

活動の提案としては、モノをつくったり、昔の遊びをすることを通して、かつての子どもたちがどのような暮らしをしていたのか試してみるといったことが挙げられます。伝統は、文化遺産の価値ある一部です。たとえば、復活祭、夏至祭、収穫祭は重要な要素となっていますし、昔の人々が信じていた幽霊、トロール、トムテ、妖精、巨人、こびとといった想像上の生きものについて話をすることも同じです。

「レインボーゲン野外就学前学校」での事例

第4章では、いかにして「基地」が就学前学校の施設、つまり日常保育や遊びの場として機能するかについて説明しました。基地において保育者が主導する活動の一つに、子どもが自然についての知識を得るというものがありますが、私が気付いたところによると、そのような活動はその他の機会、たとえば年齢ごとのグループや遠足といった場面で起きていました。ここでは、そのような活動事例を挙げるとともに、私が観察したことを、野外生活推進協会の学習に関する文書および文献と関連づけながら記していきます。

感覚が刺激される

最年少の子どもの活動は、次のエピソードに見られるように、子どもが自然を自分の感覚を使って体験し、刺激することに焦点が当てられています。

　保育者のマーリンと彼女のグループが、「森のクノッペン」の活動のために森に出掛けました。この日は、二歳から二歳半までの子どもたち四人が参加しました。みんな、グループ活動をするときにはいつも通る道を歩いていきました。小雨が降っていました。数メートル歩いたところでマーリンが足を止めました。彼女がしゃがみ込むと、子どもたちが彼女の周りに集まりました。

マーリン　（葉っぱを見せながら）この葉っぱの上に何があるか見える？

子ども　雨だ！

マーリン　濡れてるね。雨粒だよ。耳を澄ましたら聞こえるよ！　葉っぱに雨粒が落ちるのが聞こえるよ！

ニクラス　（よく聞こうとして帽子を脱ぐ）僕の頭の上に雨が落ちてきた！（笑い声を上げる）

マーリンは、ほかの子どもたちと雨粒に関する言葉遊びをはじめました。小道をまた歩きはじめますが、数メートル先の小さな藪まで来ると、また足を止めました。

マーリン　ねえ、これはどういう感触かしら？　柔らかい？　とがっていてちょっとチクチクするわね。ニクラス、触ってみてごらん。

ニクラス　（触りながら）うーん。

次に立ち止まったのは、道端にある苔むした小さな山でした。マーリンが、「ジェニーはほっぺで感じることができるわね」と言いました（ジェニーは手袋をしていました）。

マーリン　濡れているようだね。
ニクラス　濡れてるね。
マーリン　濡れているって分かったかしら、ジェニー？　あるいは、鼻の先でも感じることができるわね。匂いも同時に嗅ぐことができるわ。

マーリンが子どもたちに自然について話をするとき、彼女は子どもたちにいろいろな感覚を使うように刺激しています。彼女は、さまざまなものを見るだけでなく、触る、聴く、匂いを嗅ぐように誘いかけています。五感で感じたものが中心となっており、このエピソードにあるように、マーリンは声と表情を使って興奮と驚きを子どもたちに伝えているのです。

このアプローチは、ルソーが『エミール』［参考文献72］で、フレーベルが『人間の教育』［参考文献24］で提唱したことに近いものと言えます。彼らは、教師の任務というものは、子どもたちが感覚を使って発見すること、そして自然の感覚を

森のクノッペン教室に行く子どもたち

得るように刺激することであり、さまざまな種の名前を教えることではないと考えていました。

このエピソードはまた、『基礎教本』に書かれている教育的な役割を示すものでもあります。マーリンは身体と声で熱意を示しており、子どもたちと一緒に感覚を使った体験に参加して、子どもたちの質問や提案に耳を傾けています。

マーリンのアプローチは、「概念を広げるための階段」（一四六ページ参照）の一番下にある、「すべての感覚、つまり触る・聞く・かぐ・味わうという感覚を使って体験する」ことに対応しています。

湖への遠足で、木の下に集まるリス・グループ

発見し、探検し、実験する

「森のクノッペン」の小さな子どもたちは、発見したり調べたりするようにも刺激されます。マーリンと子どもたちが出掛けているとき、大きな石のところで一人の子どもが「開けてみて！」とマーリンに頼みました。これは、いつもしていることです。マーリンは石をひっくり返して、子どもたちと一緒に下に何がいるのかと観察します。この日は石の下に生きものはいませんでしたが、以前にはナメクジとその卵がいたことがあります。

この機をとらえて、マーリンは地面には根っこが張っていることを見せました。彼女は子どもたちに、「根っこを持ち上げることができる？」と尋ねました。子どもたちは試してみましたが、根っこは深く張っていました。マーリンは、根っこが木々にしっかりとついていること、そして木々は根っこを通して水を得ていることを説明しました。

別の機会では、マーリンが数人の小さな子どもたちと丸太リングに出掛けたとき、水溜まりのところで足を止めました。マーリンが、「水溜まりにモノを投げ入れて、どうなるか見てみよう」と言いました。彼女が投げたものは小枝でしたが、水に沈みました。彼女はこれについてコメントし、「私は小枝が浮くと考えていたわ」と言いました。

これらの活動は、次のステップ「変化を観察する――調査し、操作し、予測し、試行し、観察する」ことに対応しています。年長児は、発見し、探検し、実験する機会が多く与えられています。その一つの例として、年長児のグループが六月に行った湖までの遠足の様子を紹介します。ちなみに、この湖は「レインボーゲン野外就学前学校」の近くにあります。

バスで少し行き、一キロほど歩いて湖畔に到着しました。私たちは、木陰に輪になって集まっておやつを食べました。

保育者の一人が、二～三人の子どもと一緒に橋まで歩いていって水温を計測しました。サムリングを担当する保育者が、子どもたちが水中で使うことのできる教材、古い器、ピペット(5)、ルーペなどといったものを見せました。そのほかに、水辺で見られるような植物や昆虫を調べるための図鑑もありました。

子どもたちは、膝の深さまであれば入っていいとい

水のなかで何かを調べている子ども

う指示を受けました。子どもたちとスタッフが砂浜に沿って散らばりました。ほとんどの子どもたちが、水の中に入って植物や小石、そのほかのものを水底から拾っていました。

子どもたちは、日よけのための帽子をかぶり、セーターを着て、短パンもしくは長ズボンをたくし上げているといった服装をしていました。一人の保育者が橋の上に座っており、二〜三人の子どもと一緒に、子どもが見つけた特別な昆虫について図鑑を広げて調べていました。

このエピソードではっきりすることは、子どもたちが、調査し、標本採取し、発見するといった小さな研究者のように見えることです。彼らは、夢中になって探索活動に取り組んでいました。このような活動は以前から行われてきたものですが、湖畔の反対側に来ていた「普通」の就学前学校とは興味深い違いを示していました。

普通の就学前学校の子どもと保育者は、水際から少し上がったところの陽だまりのなかに広げた敷物の上で過ごしていました。彼らは水着を着ていましたし、前方の砂浜の上にはバケツ、シ

(5)　化学実験器具の一つで、液体の一定量を正確に移し入れるために先端を細くし、目盛りをつけたガラス管です。スポイトのようなものです。

ャベル、そのほか色とりどりのおもちゃが置かれていました。二〜三人の子どもが一人の保育者と一緒に泳いでいたほか、水辺には子どもがいませんでした。

先の例では、子どもたちは調査と探索をしながら学んでいるわけですが、これは一九七〇年代にルーペを導入したことにあわせて、野外生活推進協会が教育法を変えたことにも関係しています。この調査活動的な教育法は、森でのグループ活動においても通常行われています。私が三月のある日、「森のムッレ・グループ」に同行したとき、すべての子どもたちがルーペを首から下げていました。

決められたキャンプ場に行く途中で、何度か足を止めました。去年茂った草が残っている開けた場所、そして岩盤のある場所、さらに苔の生えた場所などに立ち止まりながら進んでいきました。

保育者のアンナが、子どもたちにルーペで苔を見るようにと言いました。アンナはまた、石を二つひっくり返して、子どもたちとともに下に何がいるのかと見ていました。子どもたちは、アカアリとカタツムリを見つけました。それからアンナは子どもたちに、前回（一週間前）この道に来たときからどんな変化が起きたかについて観察するように言い、さらに「春の兆しとなるものを見つけるように」と促しました。すると子どもたちは、ネコヤナギを観察したり、触ったりするほか、イラクサの上にいた幼虫を観察しました。

その後、森に到着すると、アンナと子どもたちは、図鑑で木の芽と地面に落ちた昨年の葉っぱを見比べながら、数本の樹木を種別しました。すると、ナナカマド、ポプラ、シラカバのあることが分かりました。

それから、実験も行っています。厚い板に、紙ナプキン、葉っぱ、ビニール袋、布切れ、ジャガイモの皮、ビンの蓋、ゴミくず、牛乳パックを釘でしっかりと打ち付けます。春になって板を掘り返したとき、どのようになっているのか観察するといった計画です。子ども一人ひとりが、厚い板に打ち付けたものが冬の間にどのようになるのかと予想することになりました。すると、すべての子どもが、掘り返したときにはこれらのものが土に還っている、と予想しました。

『基礎教本』が提唱しているとおり、このような事例では、保育者が一緒に発見するという役割を担っています。また保育者は、子どもたちの質問や提案を受け入れるようにしています。そして、自ら興味を示して集中するようにしています。もちろん、子どもたちが何かを見せようとしているときには、常にそばに行って見るようにしていました。

年長児と一緒に活動するときは、「概念を広げるための階段」（一四六ページの図参照）を上ったり下がったりすることになります。種別したり、植物や動物の間の相互関係を観察したり、話し合ったり、五感を使いながら調査したり、といったようにです。

知識を伝える

調査したり実験したりするという教育手法と並行して、従来から行われている知識の伝達という教育法も活用しています。前述の事例のように、保育者のアンナが森のムッレの子どもたちと森に出掛けたとき、アンナは目にした異なる種の動物や植物についての「事実」を教えていました。たとえば、カタツムリが冬の間どのように寒さから身を守っているかについてや、シラカバにもさまざまな種類があることを話しています。

その少しあとに森の中で行われたキャンプ場でのサムリングは、教室で行われている状況に近いものでした。アンナは写真を使って、先週取り上げた自然享受権（五二ページ参

コヒオドシ（蝶）の幼虫を調べる

照）の話を繰り返していました。また彼女は、さまざまな春の兆しのイラストが描かれているパネルを見せながら、その日にどのような兆しが見られたについて子どもたちと話していました。

自然の中にある素材を中心にして活動が展開されていても、保育者が持ち歩いている教材は重要な役割を果たしています。写真や視覚的な教材の助けを借りて、動物、植物、その他の自然に関する知識が提供されています。写真の利用は、一九六〇年代に野外生活推進協会における子どもの活動で主流であった教育手法と関連しています。当時は、動物や足跡などといったたくさんの写真を森に持ち込んで使っていました。そこでは、「概念を広げるための階段」の頂点に位置している「種別する」ということが、とても重要な要素となっているのです。

プロジェクト活動

「レインボーゲン野外就学前学校」では、プロジェクトあるいはテーマを決めた活動も行っています。保育者のサンナが担当する「森のクニュータナ・グループ」では、春の期間中ずっとヤマキチョウをテーマとする活動を行いましたが、このテーマはグループ全員で決めたものでした。

どのように決めたかと言いますと、まずサンナが、地面の上にいろいろな動物のラミネート写真を並べました。その動物たちは、子どもたちが訪れたことのある場所の周りで見かけるもので、アリ、クモ、チョウといったものです。それぞれの子どもたちが、活動したいテーマの動物の上に松ぼっくりを置いて投票をしたところ、ヤマキチョウがもっとも票を集めたのです。

テーマ活動は、子どもたちがヤマキチョウの絵を描くことからはじめられました。サンナはまた、一人ひとりにヤマキチョウについて知っていることを尋ねました。三歳半のハリエットがどのように答えたか、紹介しておきましょう。

サンナ　チョウってどんな姿をしているか分かるかな?

ハリエット　チョウは羽根みたい。飛べるでしょ、それから角がある。それから丸い、それから、やっぱり角がある。

サンナ　足は何本あるかな?

ハリエット　足は一本もないよ。

サンナ　何色をしているの?

ハリエット　いろんな違った色しているよ。

サンナ　耳はあるかしら?

ハリエット　耳なんて、もちろんあるわけないよ。

サンナ　何を食べているのかな?

ハリエット　いろんな違ったもの。たぶん食べ物とか。
サンナ　どこに住んでいるかしら？
ハリエット　藪の中。
サンナ　どこで眠るのかな？
ハリエット　たぶん椅子の上じゃないかな。それから、寝るときは毛布をかけて寝るよ。
サンナ　仲間とは、どうやってお話しをするのかな？
ハリエット　チョウはこんな言葉でしゃべっているよ。シュキーッ、シュキーッ。
サンナ　もし、あなたがチョウだったら、どう思う？
ハリエット　まあまあかな。

テーマは、さまざまな形で深められていきます。自然の中や本でチョウについて調べたり、チョウになりきるゲームをして遊んだり、チョウの絵を描いたりもします。四月のある日、「森のクニユータナ・グループ」に参加した際、レーナという女の子が外でお弁当を食べているときにチョウについての質問をしました。子どもたちは、チョウが花の蜜を食べていることを学びました。サンナは、それは特別な種類の花の蜜で、ネコヤナギの木からのものであることを繰り返し説明しました。

『チョウはこうして暮らしている（Så lever fjärilen）』という本を見せて、サンナ自身も、ヤマキチョウのオスは濃い黄色だけれども、メスは薄い黄色であるということを学んだと話しました。さらにサンナは、卵、幼虫、サナギ、チョウといった成長段階を劇にする遊びをはじめました。サンナが次のように言っています。

「昔々あるところに、小さな卵から幼虫が生まれました」（食べる真似をします）
「それから、サナギになりました」（寝る真似をします）
「そして、チョウが出てきました」（飛ぶ真似をする）

この遊びは、チョウが輪になって躍るという遊びで終了しました。サンナが、「チョウはダンスを踊ったためにのどが渇いて、吻《ふん》(6)を伸ばした」と言いました。子どもたちは小枝を持って、花の蜜を吸う真似をして歩き回ります。

その春の終わり、子どもたちはもう一度インタビューを受けたあと、チョウの絵をまた描きました。これによってサンナは、子どもたちが何を学んだかについて確認することができました。

テーマ活動は、就学前学校において一般的に行われる活動で、一九〇〇年代の初期からさまざまな形で行われてきました［参考文献94］。サンナのグループでは、生きもの、とくにヤマキチョウへの興味が中心となりました。これは「レインボーゲン野外就学前学校」における活動の特徴でもあります。生きものが、会話や教育的な活動においていつも扱われる内容となっています。

プロジェクト活動では、サンナは子どもたちの興味を出発点としていました。子どもたちは、どの動物をプロジェクトの対象にするのかについて一緒に選びます。また、プロジェクトのはじめに子どもたちにインタビューをしたり、子どもが考えていることに継続的に耳を傾けることで、子どもたちがその分野でどのような疑問をもっているのかということについて把握することができます。

このプロジェクト活動においても、「概念を広げるための階段」のすべての段階が用いられていました。ここでは三段目の「評価し、再評価する」という段階が重要な地位を占めており、具体的には、話し合う、考える、想像する、劇にする、歌う、遊ぶ、まねる、創造するといった活動が含まれていました。

（６）チョウにある、口器が細長く伸びる部分のことで、液体を吸うストロー状のものです。

第6章

遊びのリソースとしての自然素材と環境

森の中での遊びの環境は、園舎や園庭での遊び環境とは異なります。それでは、森という環境は、子どもの遊びにとって何を意味するのでしょうか？　本章では、自然の素材や環境と、それがもたらす遊びの可能性に焦点を当てることにします。

遊びにおける素材の意味とは

就学前学校の子どもたちは、物理的な環境とのかかわりに依存しています。発達心理学では、ジャン・ピアジェ[1]が、幼児は世界を探索するために感覚と運動技能を使用することを示しました。子どもたちの考えは具体的なものであり、物理的な環境と文字どおり触れ合うことと関連しています〔参考文献67〕。一方、ジェイムズ・ギブソン[2]は、人間がどのように身の周りの物質的な環境と関係をもつかについて議論するために、「アフォーダンス（affordance）」という概念を用いています〔参考文献28〕。

アフォーダンスは、「提供する」もしくは「意味を提供する」と言い換えることができます。ギブソンは、それが何を提供しているか、つまりそれが何に利用できるのかということに基づいて対象を知覚する、と主張しています。そのため環境は、意味があるもの、もしくは利用可能なものとして知覚されると言うのです。たとえば、水平な上面と適度な高さと大きさをもった物体は、子どもとの関係においては、椅子であろうが岩であろうが「座る」という行為を提供するわけです。

私たち人間は、自動的に知覚するアフォーダンスもありますが、ほとんどのアフォーダンスは経験を通して知覚していますｏ同時に、世界を知覚するということは、同時にそれが世界に対してもつ補完的な役割を認知することにもなります。ある物体が使用されるとき、それは利用者の手もしくは身体のほかの部位の延長となるのです。したがって、個人と環境の境界は肌という表面に固定されるものではありません。

玩具は、子どもの物理的な環境にとって重要な要素となります。デンマーク人で、子どもの遊びについて研究しているハンガード・ラスムセン（Torben Hangaard Rasmussen）は、現象学の理論を使って、あるモノが玩具足らしめるものは何であるかについて調べました［参考文献32］。彼は、「重要なのは用途である」と述べています。つまり、子どもがある対象物で遊ぶとき、それは玩具になるというわけです。その意味で言えば、自然の素材であっても、子どもがそれで遊びはじめた瞬間に玩具になるということです。

ハンガード・ラスムセンは、遊具と玩具を区別しています。遊具には、すべり台、ジャングルジム、ブランコといった固定されたものもあれば、自転車のように移動できるものもあります。

（1）（Jean Piaget, 1896～1980）スイスの心理学者。子どもの認知能力の発達を四つに区分した「発達段階説」を提唱し、現代発達心理学にもっとも影響を与えた一人です。

（2）（James Jerome Gibson, 1904～1979）アメリカの心理学者で、知覚研究を専門としました。アフォーダンスの概念の提唱者として知られています。

その特徴として、子どもの身体全体に影響を与えることと、子どもの身体を大きく動かす能力をもっていることとしています。

一方、玩具とは子どもの手に収まるもので、手とのかかわりがあるものです。つまり玩具は、知覚を通して操作する際の道具のように使用されるものだということです。その意味で言えば、自然の対象物は玩具として機能する一方、山や登れる木といった環境は遊具として機能し得ると言うことができます。

『Barn och leksaker i lek och lärande（遊びと学びのなかの子どもと玩具）』という本の著者であるネルソン（Nelson）とスヴェンソン（Svensson）の研究によると、玩具は一次的な機能と二次的な機能に分けられます［参考文献61］。一次的な玩具は、その対象物そのものに特徴があり、遊びにおける基礎となります。

たとえば、ボールは一次的な玩具の例であり、投げたり、弾んだりといったようにそのもの自体が楽しいものです。一方、二次的な機能をもつ玩具は人工物を象徴するもので、身の周りの文化のなかにある既製品のことです。一例を挙げると、ティーポットとティーカップというままごとセットは本物の食器を象徴しており、子どもがままごと遊びで大人の役を演ずるときに使用されます。言うまでもなく自然素材は、一次的な機能と二次的な機能の両方をふまえており、遊ぶために使用されています。

自然環境における遊びに関する調査

アフォーダンスという概念［参考文献28］は、自然環境の中での子どもの遊びについて興味をもっている多くの研究者に使用されています。アメリカ・オハイオ州にあるデニソン大学の名誉教授で心理学者のヘフト（Harry Heft）は、野外環境での子どもの遊びについて、アフォーダンスに関する類型を分類しています［参考文献36］。平面を走る機会、木に登る機会、小屋やその他の隠れ場所は一人になる機会、そして柔軟性のある素材は建築することを提供していると述べています。

また、ノルウェーの野外スポーツ教育の研究者であるフィヨートフト（Ingunn Fjørtoft）によると、遊びにとって刺激的なランドスケープの特徴は、緑の構造（木や茂み）があること、柔軟性のある対象物があること、そして地形が多様性に富んでいることとなっています［参考文献20・21］。

ピアジェは遊びの分類を発展させましたが、最初の二つの遊びの様式には、「運動遊び」と「象徴遊び」があるとしています［参考文献68］。運動遊びとは主に感覚運動のことを指しており、楽しみのために行われるものです。たとえば、溝を飛び越えるなどの行為は楽しいからやることであって、強制的にやらされるものではありません。一方の象徴遊びは、実際には存在しないものを使ってごっこ遊びをするというものです。象徴遊びには、しばしば感覚運動的な活動が含まれますので、この二つの様式の間には明確な区別がありません。

ピアジェの遊びの分類は、今日においても有効と言えます。自然環境における子どもの遊びについては、研究者たちによって、「機能的な遊び（身体的な遊び）」、「建築遊び（小屋づくりなど）」、「象徴遊び」(原注1)といった分類がなされてきました［参考文献20・113］。次章では、自然環境における象徴遊びの調査について、自然環境がそのような遊びを誘発させると考えられる背景にどのようなことがあるのかについて説明をしたいと思います。

自然環境が象徴遊びに向いているとしても、子どもが自然環境の中で遊ぶときには、感覚運動あるいは身体的な遊びが中心になるということに多くの研究者が注目してきました。スウェーデン農業大学で子どもの野外遊びについて研究しているモーテンソン（Fredrika Mårtenson）が、二つの就学前学校にある園庭の調査を実施しました。両方の園庭とも、手を加えていない自然の部分と遊具がありました［参考文献57］。

調査の目的は、物理的な環境が子どもの外遊びにどのような意味をもつのかに関する知見を得るというものでした。調査は、エスノグラフィー（二九ページ参照）のアプローチを取っており、子どもの遊びのビデオ観察がデータ収集におけるもっとも重要な手法となっています。彼女は、子どもが園庭内にある自然が豊かな部分で遊ぶとき、とくに野外遊びにおいて身体的な側面が顕著になると述べています。

子どもたちは、たくさん身体を動かし、モノに触れることに興味をもちます。物理的な環境への興味は、その特徴として、変化に富むことと関係していると考えられます。要するに、天気や自然のプロセスが、環境に対して注意が向けられることに寄与しているということです。自然はさまざまな方法で感覚を呼び覚ますため、子どもたちは具体的な要素を扱いたくなる、つまり「手作業」をしたくなるのです。

自然はまた、身体運動を誘発します。たとえば、転がったり、ぶら下がったり、上ったり、飛び跳ねたり、モノを動かしたりします。ある意味、自然が遊び相手になるということです。

モーテンソンは、園庭内における手の入っていない自然な場所と、計画された部分での子どもの遊びに違いがあることに気付きました。つまり、遊具はどのように使用されるかについて限定された発想と結びついていること、また遊びは、場所に典型的な行動と、あらかじめ決められた一連の作用に結びついていることを指摘しています。これは、自然環境の中での遊び、たとえば雪のボールといった限定されていない素材遊びとは対照的なものとなります。要するに、自然の

（原注１）ここでは、象徴遊びと想像遊びを同義語として使用しています。

中という物理的な環境が「多義的な可能性のある特徴」〔参考文献57・125ページ〕を備えているということです。

モーテンソンは、遊びはしばしば、象徴的なレベルから物理的な探索活動へと移行していくと述べています。たとえ、象徴的な内容をもつ遊びにおいても、子どもの注意は周囲の物理的な側面へとすぐに向けられるようになるのです。

自然素材を使った遊び

一次的な玩具としての自然素材

遊びには、身体的な活動が中心となるものがあります。しかしここでも、自然素材は一次的な玩具（一七八ページ参照）として機能することになります。そのような遊びは微細運動的な活動であり、子どもたちは自らの手を使ってある素材に取り組みます。たとえば、小枝を使って地面を掘る、手で集めた松葉をサラサラと地面に落とす、朽ちている葉っぱをちぎるなどです。

モーテンソンは、このような活動を「手作業（grejande）」〔参考文献57〕と呼んでいます。以

下に紹介するエピソードがその例となります。（原注2）

カミラは、細い木の枝を組み合わせてつくったものに跨《また》がって座っていました。四つの幹が二本ずつ組み合わせられており、頂点で十字架になるように交差していました。この交わった位置に、五本目の幹が水平に置かれていました。

私は、これが馬を意味していると考えて、「何か跨がるものを見つけたの？」と尋ねました。カミラは「うーん……」と言いました。彼女は、前かがみに座って、座っている幹の部分にある何かに集中して、それを剥《む》いています。

エーバ（著者）何をして遊んでいるの？　それは何なの？
カミラ　これは何でもないのよ。
エーバ　何でもないって？
カミラ　ここに座って、剥いているのよ。

（原注2）この例と次の二つの例は、Ｆ－1クラス（就学前学校クラスと小学一年生の混合クラス）での調査から引用したものです。

（彼女は、少し笑い声を上げました。）

エーバ　座って、それを少し剥いているのね？

カミラ　そうよ、きれいにするためにね……これは、上にかぶさっている皮みたい。

大人としての理解では、木でできたこの作品は、馬か何かに跨《また》がるものを意味しており、カミラはそれで遊んでいると思いました。時として、遊びのなかに象徴的な内容があるのかどうかについて、観察するだけでは理解することが難しい場合もありますが、この場合は、その作品が何を意味しているのかと尋ねたところ、「これは何でもないのよ」と言って明確なメッセージをくれました。したがって、これは「象徴遊び」ではなかったわけです。

重要なことは、「きれいにするために」幹から樹皮を剥くことだったのです。カミラは、木の作品が何かを象徴するものであるかのふりをしていたのではなく、単に樹皮を剥くことが重要だったのです。

次のエピソードはケネットとパトリックという六歳になる男の子の話ですが、彼らは、前の年によく遊んでいた場所に私を案内してくれました。その場所を歩いて回っていたとき、次のような出来事がありました。

パトリックが、崖の岩で何かを見つけました。そして、カメラに背を向けてひざまずき、しゃがんで地面の上で何かをはじめたのです。

彼は、「オッーー！」と声を上げると、さらに大きな声で「ケネット！」と呼ぶと同時に、その岩を石で打ち付けはじめました。ケネットがパトリックと向かい合ってしゃがみ込み、「どうして割っているの？」と私が尋ねると、パトリックは「ここにひび割れがあるんだ」と答えました。


私は、注意を惹かれる何かをパトリックが見つけたのだと解釈しました。つまり、崖にすぐはがれる石があり、そこにひび割れがあるのを見つけて喜んだと思ったわけです。事実、「オッーー！」と言ったあとにケネットを呼んだときの口調は、その発見を喜んでいるかのように聞こえました。ひび割れと岩が、打ち付けるという行動の引き金になったというわけです。


ケネットは、くっついている岩の一部を持ち上げようとして、思い切って力を入れるかのようように唸り声を上げてから、こう言いました。

「もう少し岩を割ってくれたら、持ち上げられるかもしれないよ」

パトリックは、露出している岩の端をつかんで素手で割ろうとしました。すると、いくつ

――かの欠片《かけら》が外れました。ケネットが「オッー！」と叫んで、前にかがんで覗き込みました。パトリックはというと打ち続けています。

その活動に、ケネットは夢中になっていました。

欠片《かけら》でひび割れを削ると岩の断片が緩んだので、ケネットはもっと大きな岩をつかむことができるようになりました。ケネットが、「そこにある岩、見て、完全に緩んでいるよ」と言いました。パトリックが、その岩を取りはずそうとしながら言いました。

「ＯＫ、とにかく僕は一番力もちなんだ」

「知ってるさ」と、ケネットが答えました。

彼は前かがみになって岩の端をつかみ、こじ開けながら唸り声を上げました。岩が緩んでいき、ケネットが「取れたぞ！」（大きなくさび型の欠片を持ち上げながら）と言いました。

「見ただろ、僕だって力もちなんだ」

ここで展開されていたことは、緩んだ岩の欠片を取り出すための「力比べ」のように見えます。その欠片がどれだけ大きく、どれだけ固くくっついているのかが重要だったのです。岩は、立ち

向かうことを誘いかけた素材であり、征服することが困難なものでした。

　このエピソードを見れば、緩んだ岩の欠片を取り出すために男の子たちが前かがみになって、叩きつけるときにたくさんの力をかけているわけですが、主に動いていたのが手であることが分かります。

　この二つの事例において分かることは、自然素材が変化を加えることを可能にしており、それがきっかけとなって新たな活動が生まれているということです。このような「非象徴遊び」には、多様な「粗大運動遊び」が含まれています。子どもたちは、木に登る、跳ぶ、バランスをとる、走る、滑るといった活動をさらに行うわけです。次のエピソードがその一例となります。


　マルティーナ、ジョージ、パトリック、ケネット、ビクトリアらは六歳児で、岩山の上にいました。緩やかな丸い山頂の向こうには険しい崖が続いています。マルティーナが山頂の縁まで歩いていくと、彼女の身体はすごい速さで岩山を滑り下りていきました。

　彼女は、地面に着地するときに「ワッー！」と叫んでかがみ込みました。誰かが彼女の真似をして、「ワッー！」と言いました。

「着地したところの地面が穴みたいよ！」と、マルティーナが言いました。出発する準備をしていたジョージは、岩山の下に立っているマルティーナに向かって、「気を付けて！」と声をかけています。ビクトリアとパトリックとケネットが、列になってジョージの後ろに座っています。

マルティーナが横に移動するとジョージが出発し、滑りながら「ワッー!」と叫び、「うーほーほー!」と言って地面まで下りて、膝を曲げてかがみ込みました。マルティーナがジョージの滑るそばを駆け上がっていき、笑いながら「めちゃくちゃすごい!」と嬉しそうな声で言いました。ジョージもまた、岩山を駆け上がっていきました。

この遊びも、感覚運動の機能あるいは実践的な遊びとして特徴づけることができます［参考文献68］。岩山が滑り台に似ていたとしても、遊びのなかに象徴的な要素は見られませんでした。活動において重要なことは、岩山がもっている主要な機能だったのです。子どもの身体に重力を働かせたのは岩山の形とスロープであり、その比較的なめらかな表面でした。

二次的な玩具としての自然素材

遊びのなかにある素材が象徴的に使用されることがありますが、その場合は二次的な機能をもつことになります。私の観察では、自然素材がもっている形状が何を提供することになるのか決定していたことが明らかでした。次に紹介するエピソードでは、遊びを誘発したものは細長いシラカバの樹皮でした。

年少児のグループが基地で昼食をとっていました。彼らは、岩山のスロープの上にレジャーシートを敷いて、そこに座っていました。地面の上には、苔、小枝、草などの素材がありました。

ウルリカとエレンは三歳児ですが、隣り合わせに座っていました。そろそろ食事の時間が終わろうとするとき、彼女たちはお互いに電話をかける遊びをはじめました。彼女たちは自分の手を電話のように使っていましたが、手のひらの電話番号を押したあと、手を耳に当てて話し出しました。

エレンが、真ん中で折れ曲がっている細長い樹皮を地面から拾うと、「これ、私の電話なの」と言いました。彼女は、樹皮の半分に番号を押したあと、残りの半分を耳に当てて話しはじめました。するとウルリカが、自分の手を耳に当てて答えました。

すでに遊びがはじまっていました。つまり、ウルリカとエレンは電話遊びをすでにしていたわけですが、その最中にエレンが細長い樹皮を見つけたのです。その細長い形状と折りたためると

いうことが携帯電話に似ていたため、進行中の遊びにぴったり合うものを見つけたということです。場合によっては、このように提供されたものが「遊びをはじめる」きっかけになることもあります。

五歳のスティーナは、茂みのそばの地面に座っていました。彼女は長い枝を拾って、茂みのなかを揺さぶりました。そのあと、その枝を真ん中で折り曲げました。完全に切り離されたわけではなく、それは半分ぶら下がった状態になっていました。

スティーナが、「ちょっと、今から釣りに行ってくるわ」と言いました。

海を象徴する沼

―彼女は立ち上がって、茂みの外に「釣り竿」を伸ばすと、魚釣りのまねをしました。

このエピソードでは、折り曲げた枝が釣り竿に似たことで、スティーナに魚釣りというアイデアを思いつかせたことが分かります。自然物の形状が象徴化される人工物をイメージさせるのと同様、使用される場所もまた、特定のごっこ遊びに適した象徴的な特徴をもつことがあります。たとえば、枯れた沼が、三歳になる三人の男の子における海賊ごっこ遊びにおいて、海を象徴するものとして使われていました。その沼は、底が平らで、波を連想させるような落ち葉で覆われていたため、海に見立てることを思いついたということです。沼は窪んでおり、周囲の地形は海岸線のようになっていました。

交渉による解釈のプロセス

遊びについて研究する人たちは、子どもたちが遊ぶ際には二つの異なる段階を行き来することを示してきました。一つは、演出の段階です。たとえば、何についての遊びなのか、小道具としてどのようなものを使用するのか、どのような役が必要とされるのか、またその役をどのように分担するのかについて決めます。もう一つは役割を演じる段階で、遊びがはじまるときにその役が演じられることになります。

子どもが「役割遊び」をしているかどうかについては、さまざまな方法で気付くことができます。具体的には、声をそれらしく変えたり、遊びのお芝居を演じていたりすることで分かります［参考文献27・105］。子どもたちが自然素材で遊んでいるときは、かなりの労力を演出段階で注ぐことになります。なぜなら、自分たちが何について遊んでいるのか、異なる対象物がどのように象徴化されるのかについて共通理解がされなければならないからです。自然素材が提供する多くの解釈は、共通理解をつくり出す必要があるためにコミュニケーションを生み出すことになります。

森の中には、板や石のブロックといった人工物もあります。このような種類の素材は、多様なものを表現できるために自然素材と似ていると言えます。それらは、子どもの遊びに取り入れられ、自然素材と一緒に使用されることになります。

次のエピソードは、二人の五歳児、ダニエルとスティーナが森の中にあったコンクリート製のブロックを使って鳥の巣をつくっているところです。二人は以前にも鳥の巣をつくったことがあるのですが、改めてもう一つつくろうとしているのです。

このエピソードは、遊びが進行するにつれてどのように子どもと素材の間に相互関係が生まれるのかを示すこと、そして、素材をどのように解釈するかについて子どもたちが交渉する様子を示すために選びました。

スティーナ　私、巣をどこにつくったらいいのか知っているわ。ここに、つくることができるわ。ブロックは全部ここに置いてね。

（木が密集して数本生えている場所に行き、長方形をした石のブロックを木立の間に置きました。）

ダニエル　いいよ。

（スティーナが置いた石の反対側に、もう一つ石を置きます。）

スティーナ　もし、とっても悲しがっているヒナが自分の巣から落ちちゃうということがあったら、私たちがお世話をしましょうね。

ダニエル　うん。そうしたら、この巣に一羽入れるか、あっちの巣に入れてあげよう。

（ダニエルは、底に敷いた石の長い辺のそばに、さらにもう一つの石を置こうとしています。）

スティーナ　これは、ヒナのベッドになるわね。ベッドをつくりましょうよ、ダニエル。さあ、ベッドをつくりましょう！

ダニエル　オッケー（底の角の一つを指さして）じゃ、あそこで寝るね。

——スティーナ （訴えるような声で頭を傾けながら）違うわ、違うわ、ここで寝るのよ。（彼女がどこを指さしているのかは見えませんでした。）

この出来事では、スティーナとダニエルは鳥の巣をつくることに関しては合意していることが分かります。ところが、巣づくりがはじまると、構造物に対する解釈にずれが見えてきます。石で敷いた床が完成し、長方形の石の短い側面に壁ができたとき、スティーナはこれがベッドになると主張したのです。石の短い側面が、ベッドのヘッドボードを連想させたわけです。そこに、意味づけのきっかけがあったと言えます。

ダニエルは、鳥にはベッドが必要だということは認めたものの、この建築物は巣であるべきだという点で譲ることはありませんでした。彼が壁として石を並べたということは、家をつくろうと考えていたことを示しています。石が左右対称に置かれた形は、鳥の巣というよりはむしろ家の形を連想させるものでした。彼は、鳥がどこで寝るべきか示したわけですが、スティーナは巣ではなくてベッドをつくっていると思っていたのです。

一つの石が転げ落ちそうになったので、ダニエルがそれを床の真ん中に置くと部屋が二つになりました。

スティーナ　あはははは！（笑い声）　おばかさん！　そこに置いてはだめなのに。（間を置いて）これはあなたの巣ね！

石が転げ落ちそうになったことでダニエルは、それを床の真ん中に置けば二つの部屋ができるという着想を得ました。建築物はベッドであるというスティーナの考えは、石が真ん中に置かれたことによって間違っていたことになりました。彼女は笑いながら、ダニエルを「おばかさん」と呼んでいます。そして、彼女の「これはあなたの巣ね！」という言葉を聞いて、私は彼女が考えを変えたと解釈しました。建造物がベッドであるという考えをスティーナがあきらめて、これはダニエルの巣なので、彼に決めさせることにしたと解釈したのです。そのあとスティーナも、巣あるいは家としての建築物の話に切り替えています。

ダニエル　僕は知っているんだ、ここに台所があって、（真ん中の石の左側を指さして）ここで食べて、ここに寝そべることができるんだ……。（真ん中の石の右側を指さして）ここでジャンプできるんだ。

（彼は、どのように鳥が壁の石から寝床にジャンプするかを手で示してみせました。）

スティーナ　（壁のてっぺんに手を寝かせて）ここに寝るのよ。

ダニエル　（真ん中の石の右側を指さして）違うさ、ここに寝るんだよ。
スティーナ　違うよ、（指さして）ここからジャンプして、それからここに飛び降るの。
ダニエル　違うよ、飛び込み台からジャンプして、水にザブンと飛び込むだけさ。（手で弧を描くようにして地面に着地させる。）そして、ベッドにジャンプするときにザブンとするだけなんだ。（手で弧を描くようにして寝床に着地させる。）

ここでは、ダニエルとスティーナは建築物について異なる解釈をしていました。二人は、自分の解釈について、言葉、ジェスチャー、抑揚を用いて伝えています。ある言葉を強調することや別の提言を行うことを通して、鳥が巣の中でどのように動くかということについてお互いに説得しようとしているのです。

スティーナ　（遊び声で）待って、見えない鳥がそっちで寝ているってのはどう？　あなたと私だけにしか見えないの。
ダニエル　うーん。
スティーナ　助けてくるわね。
（いったん去ってから、鳥を腕に抱いたふりをして戻ってきて、それを巣の中に置く。）

ダニエル　片方の翼が折れているね。
スティーナ　そうね、ここに寝かせましょう。（巣の中に鳥を置く真似をした。）
エーバ（著者）　今、そこに横たわっているの？
スティーナ　ケガをしたヒナよ、待って（建築物に使っていた三角形の石を指さして）この石はヒナになるわね。ほら、いいアイデアでしょ、ダニエル！
ダニエル　（その石を見ながら）ダメだよ。本当に見えない、そう誰にも見えないものを探そうよ。
スティーナ　ふーん、何にも感じることができないのね。
ダニエル　何にも感じることができないから、誰かに連れ去られたりすることもないのさ。
スティーナ　お化けってことね。お化けのアヒル、どうかしら？
ダニエル　お化け鳥さ。
スティーナ　見て！　助けなくっちゃ！（溝を走っていって泳ぐふりをし、鳥を腕の中に抱くふりをして戻り、巣の中に横たえました。）

子どもたちは、演出の段階を終えて「役割遊び」の段階に入りました。スティーナが「遊び声」を出して鳥を連れてくるふりをしたことで、切り替わったことが分かります。そして、スティーナが三角形の石を鳥に見立てることを提案したとき、また演出の段階に戻りました。

彼女の提案は、私の質問が鳥に見えるような実際のものがなくてはならないという意味に感じられたため、その答えとして出てきたことが考えられます。しかし、子どもたちは、議論の末に鳥があたかも存在するかのようなジェスチャーと言葉を使うことにしました。

二人は、鳥は見えないものであることにしようとはっきりと言っています。二人が「鳥はお化けだ」と言ったのは、その論理的な理由をつくり出すためであったと考えられます。見えないということは、ポジティブなリソースとなるのです。というのも、ほかの子どもや私がアクセスできないよう

ピストルか、ドアのハンドルか？

にすることができるからです。見えないということが、スティーナとダニエルにとっては共同体をつくることとなり、同時に他人を排除することができるリソースとなるわけです。

子ども同士のやり取りには、絶え間ない解釈という活動がともないます。そのプロセスは、子どもが絵を描いたり、描いた絵の似ているところを解釈するときに起こるものと共通しています［参考文献106・107］。

石は、多くの解釈の可能性を提供する素材となっていました。遊びを続けるためにダニエルとスティーナは、お互いに絶えず自分の解釈を伝え続けなくてはなりませんでした。彼らは、言葉とジェスチャーの両方を使ってそれを行っていました。何度も異なる解釈をしたり、解釈のし直しを行いましたが、いずれも交渉を必要とするものでした。また、彼らがお互いを説得しようとするとき、声、真似、ジェスチャーが大きな意味をもっていました。ある言葉を強調することもありましたが、その際には指を差して、説得力があり、訴える力があり、見せることができるように努めていました。

一時的な解釈と恒久的な解釈

多くの場合、自然の中のものや場所はきわめて固定された意味をもっているため、長期にわたって同じ遊びに使われます。遊びのテーマと場所のもつ意味は、子ども同士で、そして保育者から子どもたちへと受け継がれていきます。たとえば、第4章で紹介した年少児の「基地」にある松ぼっくりなどもそれに当てはまります。

　また、家族ごっこに使われる場所は、比較的場所の変化が少ないものと言えます。年少児のグループにおいて、子どもたち（最年長となる女の子たち）が家族ごっこをするときに囲炉裏として使用されている切り株があります。子どもたちが料理したり、食事したり、眠ったりするとき、この切り株の周りで遊びが展開されていました。子どもたちは、「お風呂に入る」、「花を摘みに行く」、「食料の買い出しに行く」といったときには遠くまで行きますが、この切り株には必ず戻ってくるのです。

　そのほかの場所は一時的なものとなります。次の観察はそのことを示しています。

　ある朝、森の茂みがきれいに刈り込まれて、刈られた草や枝がリス・グループの基地の前にある牧草地に山積みにされて、回収されるのを待っていました。その枝の山から、さまざまな遊びが生み出されました。なかには枝の山に登る子どもたちもいましたが、その遊びは最終的にヒョウごっこにまで発展しました。また、枝を森の中に引きずり込んで、樹木に立てかけて小屋をつくった子どもたちもいました。

一時的に遊びに使われるものや遊びの場としてつくり出されるものは、どれも自然の素材です。数日後には枝の山は取り払われ、結局、小屋も消えてしまいました。つまり、一時的な遊び場は四季の変化にともなって生まれるのです。冬には小さな山がすべり台になりますし、春には溝が魚釣りをする小川となります。

さまざまな遊びを引き出す自然素材

ではここで、本章の冒頭で触れた理論的な出発点との関連性について述べたいと思います。子どもが自然環境の中で遊ぶとき、場所と自然素材が提供物となります〔参考文献28〕。これらは、子どもが遊びで使うものとして機能するわけです。ギブソン（一七六ページ参照）は、子どもは多くのものを無意識に発見しますが、そのほとんどは経験に基づいたものであると述べています〔参考文献28〕。

私が調査した子どもたちは、森という環境の中で過ごすことに慣れており、さまざまな自然物が遊びのなかでどのように使えるのかについて見極められるだけの訓練された目をもっています。また、森の中での遊びの可能性と自然素材に対する解釈は、子どもと保育者の両方において共有されていました。「レインボーゲン野外就学前学校」では、先述したとおり、保育者は明解な遊びの教育法に則って活動しています。保育者が遊びの可能性を示して、自然物が何を象徴することになるかといった提案をしているわけです。

遊びは、基本的には「感覚運動遊び」か「象徴遊び」かのどちらかであると考えられます（多くの遊びはその中間となりますが、この点については次章で取り上げます）。感覚運動遊びは、多くのさまざまな種類の活動からなっています。それらには、木の枝から樹皮をはがす、両手で松葉をすくう、石の破片を砕く、雪の玉をつくるといったような微細運動が部分的に含まれています。

このような活動を同じく観察していたモーテンソン（一八〇ページ参照）は、これらの動きを「手作業（grejande）」と呼んでいます［参考文献57］。自然環境は、このような手作業にとって豊かな機会を提供してくれるのです。そこには、バラバラに分解してよいものや、詳しく調べることができるといった素材が豊富にあるのです。

感覚運動遊びのもう一つのタイプは「粗大運動遊び」です。滑り下りる、ジャンプする、バランスをとる、斜面を転がるといったものです。ここでは、自然の中にある場所が遊具となります。これらの感覚運動遊びにおいては、素材の果たす主要な機能が重要となります。

一方、象徴遊びにおいては、自然素材は人工物を象徴するものとして使用されます。それは、二次的な機能としての玩具となります。遊んでいるうちに使える素材を子どもが探してはじまる場合もありますし、素材そのものが遊びをはじめるきっかけとなる場合もあります。

遊びの経過はどちらの方向にも進展していき、子どもと素材の間で絶え間ない相互作用が見られます。ハンガード・ラスムセン（一七七ページ参照）は、自然物が人工物を象徴するために使用されるときにはある共通点が存在すると述べています［参考文献32］。つまり、ほとんどの子どもは、自然物がそれ以外の何かの代わりになるという感覚をもっているというのです。彼は、「子どもは常に、自然素材のなかで玩具になる形を探している」と主張しています［参考文献32・37ページ］。

それと同様に、自然環境の中という場所が象徴遊びの展開される舞台となっていくのです。次章では、子どもの象徴遊びのテーマと、その遊びのなかで、どのように環境が使用されているのかについて説明をしていきます。

玩具としての自然素材

就学前学校の室内や園庭で使用される遊具や玩具とは異なり、自然素材は使用の仕方に関してメッセージを発しているわけではありません。既製品の玩具は、特定の方法で使用されることが意図されているか、あるいは何かを想像させるものですが、自然素材は、何かに使うことができる、もしくは人工物に似ているということはあっても、「何に使えるか」や「何を想像させるか」については明らかになっていません。子どもたちが遊ぶときには、その自然素材を自分で解釈しなければなりませんし、その解釈を遊ぶ相手に伝える必要があるのです。

　自然素材と既製品の玩具において、何か本質的な違いがあると言っているわけではありません。自然素材はそのほかのものを象徴するために使用することができますし、既製品の玩具も、意図されたものとは別のものを想像させるように変身させることができます。しかし、異なる点があります。自然素材は用途が明確でないために、変身したり解釈したりするうえにおいてより大きな可能性を残しているということです。さらに、子どもたちには、空想したり、想像したりするという大きな余地もあります。

　さまざまな解釈の可能性があるということは、遊びのなかで自分のイメージを伝え、また素材がどのように解釈されるべきかということについて、子ども同士で交渉をしなければならないということを意味しています。私の観察からは、子どもが自然素材で遊ぶときには、演出段階［参考文献27・105］が遊びの大きな位置を占めていることが分かりました。

概念に基づいた想像

自然素材を何かの代替物として使用するためには、そのものが何であるかを知っていなければなりませんし、それを表す言葉を知っている必要があります。言い換えると、森の中で何かを想像して遊ぶ「想像遊び」は、そのものをどこか別のところですでに調べており、そしてそれが何と呼ばれるかについても学んでいたという事実を証明することになります。

社会文化的な理論によると、三歳児の遊びのなかでは重要な変化が起こると言われています。三歳未満の子どもの行動は、身の周りにあるものによって規定されます。箒《ほうき》で掃いたり、櫛で髪の毛をとかしたりといったようにです。ところが三歳になると、想像のなかでの遊びをはじめるようになります。

遊びという形で子どもたちはさまざまな経験を表現し、行動によってそれが再現されます。そこでは、あるものが別のものの代わりに使われることがあります。箒は、遊びの枠組みのなかでは馬として使用されるかもしれません。頭で想像することによって子どもは、乗っているのは箒であるということを考えないですむのです。しかし、どんな形でもよいわけではありません。この場合には、馬のもつ意味、つまり乗ることができるということから連想したような行動をとりたいために箒が用いられたということです。

このような変化は、三歳になるまでの子どもの育ちに基づいたものです。つまり子どもは、それまでにさまざまなものが何と呼ばれているのか、そしてどのような意味をもっているのかについてすでに学んでいるということです。

この事実は、三歳未満の子どもにとっては、年上の子どもが遊んでいる玩具とは別の種類のものが必要とされることを意味します。彼らの遊びには、本物そっくりの玩具が必要なのです。たとえば、小さな子どもが飲む真似をするときには、本物にそっくりなおもちゃのコップが必要なのです［参考文献65］。しかし、三歳になると、それほど似ていないものでも代替物として使用できるようになります。そのため、飲む真似をするとき、ブロックがコップの代わりになったりします。

象徴的な思考ができるような年齢になると、玩具は実物に近すぎるため、邪魔になったり、制約を設けることにもなってしまいます。ブロックは車になり得ますが、おもちゃの車は代替物としては使えないということです。

しばらくすると子どもは、遊びのなかにおいて、モノをジェスチャーや言葉で置き換えることも学ぶようになります。就学前学校の年長児は、象徴するものに対してあまり似ていない代替物を使うよりは、ジェスチャーを多用すると言われています［参考文献65］。

さて、想像についてですが、これは現実の知識をもとにしたものとなっています［参考文献

15・95］。言い換えると、まず学びがあってからごっこ遊びが成立するということです［参考文献42］。したがって、素材に対する解釈が必要になることは、子どもの遊びの発展にとって、ポジティブな面とネガティブな面という結果が生じることになります。

一方、このことが年長児の想像力や創造力を伸ばすことにもつながります。また、交渉は子どもたちのコミュニケーション能力を発達させることに貢献します。しかし、年少児の場合は、想像上の人工物が何であるかということを理解するために、言葉による手掛かりをあまり多く得ることができません。

結果として言えることは、自然素材を使った遊びは、既製品のものを使った遊びによって補完される必要があるということです。とくに、最年少の子どもや、さまざまな理由で言語が未発達な子どもに当てはまります。「レインボーゲン野外就学前学校」にも、そのような要素をもつ子どもたちがいます。彼らは、園庭で既製品の玩具で遊んだり、時には既製品の玩具、写真、絵本、そのほか概念の形成に貢献すると考えられる素材が豊富にある室内で遊ぶこともあります。

第7章

森での象徴遊び

前章では、「雨の日も晴れの日も」という認証を取り入れている野外就学前学校の子どもたちが、自然の素材と環境を使ってどのように遊んでいるかについて記述してきました。彼らの遊びには、身体を鍛える遊びがあったり、何か象徴的な意味のある遊びがあることを述べました。

本章では、子どもの「象徴遊び」に焦点を当てることにします。つまり、どのように自然環境を使って象徴遊びをしているのか、どこからその遊びの材料を持ってくるのかということをテーマにします(原注)。

(原注) 本章は、以前に出版した論文の一部分をもとにして描かれています［参考文献110・112］。

子ども時代の思い出

子どものころ、私は夏休みを小さな農場でよく過ごしました。その農家の娘が私と同じ年齢で、一日中、二人で遊んでいました。とくによく遊んだ場所は、氷河が運んだ巨大な岩が壁となり、大きなトウヒの樹の枝が屋根になっている小屋のあるところでした。

その小屋は、山道を登った平らなところにあり、小屋の入り口からは農場を見下ろすことができました。私たちは、木の板や切り株で家具をつくったほか、それで部屋もつくりました。使い古しの布でつくられた絨毯ももらってきました。

小屋の裏は森になっていました。森の中に少し入ると、不燃物のごみ捨て場がありました。私たちはそこで、底に穴のあいたエナメルのバケツ、取っ手がとれた花柄のコーヒーカップ、薬局でもらう小さな茶色のガラス瓶など、遊びに使えるものを見つけました。食べ物としては、ジャガイモ保存用の地下倉庫の上にある山に生えているシダ種のオオエゾデンザを採ってきました。夏の終わりになると、ブルーベリーも摘むことができました。

私たちは、小屋遊びにおいて、岩と樹の枝の間の空間を使って家も再現しています。古い工芸品を使って、家庭というイメージづくりもできました。

スウェーデンの多くの大人は、私とよく似た子ども時代の思い出をもっているものです。一〜二世代前までは、ほとんどの遊び場は野外でした。おもちゃなどはほとんどなく、私たちのように自然素材や家庭用具を遊びに使っていたのです。

自然の中で行う象徴遊びについての研究

多くの研究者が、自然環境における子どもの「象徴遊び」を観察してきました［参考文献30・20・57・113］。では、自然環境の何が、子どもたちを象徴遊びに誘うのでしょうか？

就学前学校の園庭に関する遊びの研究によって、計画された環境と自然に近い環境の遊びにおいて興味深い違いがあることが分かりました。先にも紹介したスウェーデン農業大学教授のグラーン（六五ページ参照）らが、二つの就学前学校の園庭で、どのように子どもたちが遊んでいるかを調べていますので、それを紹介しましょう［参考文献30］。

一つは、郊外にある「雨の日も晴れの日も」の認証を取り入れている野外就学前学校で、スコーネ地方にある古い農家の建物と庭を使っていました。その敷地には、手入れされていない園庭と森があり、子どもたちは一日の大半を野外で過ごしていました。

もう一つは都心にある就学前学校、周りに建物があり、建築家が設計した庭を同じビルの住民と共有していました。その庭には、遊具、植生、芝生と歩道がありました。そのほか、鉢を横にしたような、大きなオブジェもありました。

この研究グループは、両方の園庭での遊びを定期的に観察し、個々の子どもの遊びも追跡しました。この研究で分かったことは、園庭に自然がある就学前学校の子どものほうが、より「想像遊び」をしているということでした。理由は、その環境にあると結論づけています。

郊外にある野外就学前学校の子どもは、誰にも邪魔されずに遊べる場所を見つけることができました。園庭のいろいろな場所に、おもちゃや自然の素材を持ち込むこともできました。そうすることで、遊びを中断することなく動き回ることができると同時に、前に遊んだ素材と同じものがあるおかげで、遊びのテーマを維持することもできました。一方、都心にある就学前学校では、遊びを「想像遊び」にまで発展させることが難しいという状況となっていました。

研究者たちは、その理由をいくつか挙げています。その一つは、遊具にはあらかじめ決められた機能があるので、遊具が「隔離された島」のような存在になって、自由に園庭を動き回ることができないということです。たとえば、砂場であれば、砂をそこから運び出すことはできません。子どもたちは、かぎられた場所と素材を取り合うことになります。また、一人で静かに遊びたいと思っても、そのような場所を探すことが難しいという状態になります。

観察されたなかで興味深かったことは、鉢を横にした形のオブジェについてです。子どもたちはこのオブジェを、郊外にある野外就学前学校の子どもたちが自然物を扱うときと同じように扱っていたのです。研究者は、このオブジェの用途が確定されていなかったため、子どもにとっても何に使うのかがはっきりしていなかった、と記しています。

モーテンソン（一八〇ページ参照）は、二つの就学前学校の園庭比較研究報告書において、想像遊びは造園された園庭より自然環境のほうがよく行われていると記しています［参考文献57］。その理由の一つとして彼女は、遊具には特別な機能があるため、そのことが想像遊びを行う際に制限となっていることを挙げています。つまり、機能があいまいな素材が想像遊びを促す要因の一つだということです［参考文献93］。自然環境には、松ぼっくり、石、葉っぱ、木の枝など、機能があいまいな素材がたくさんあります。

では、自然環境の中における子どもの遊びにはどのようなテーマがあるでしょうか？　あるインタビュー調査では、三歳から六歳の八六人を対象に、森での遊びについて質問をしました。子どもたちが答えた遊びのテーマには、ママ・パパ・子ども、海賊遊び、お店ごっこ、恐竜、スーパーヒーロー、そして動物遊びがありました。また、どこから遊びのインスピレーションを得ているのかというと、映画などさまざまなメディアからということでした［参考文献113］。

遊びのテーマ

私が観察をした子どものグループでは、「家族遊び」、「スーパーヒーロー遊び」、そして「動物遊び」というテーマがよく使われていました。本章では、それぞれのテーマの内容と、その遊びのなかで、どのように自然環境を使ってテーマを実現しているのかについて記していきます。

家族遊び

家族遊びは、就学前学校でよく行われる遊びと言えます。この遊びには、家庭からインスピレーションを受けて、料理をしたり、赤ちゃんの世話をするといった真似事が含まれます。「レインボーゲン野外就学前学校」のリス・グループとハリネズミ・グループは、「ママ・パパ・赤ちゃん遊び」をよくします。遊びの内容で多いのは、世話をすることと日常生活の真似です。子どもたちは、料理をしたり、寝たり、お風呂に入ったり、ご近所を訪問したり、スーパーマーケットに買い物へ行ったりします。そして、家族遊びにおいては、自然環境と自然物を使って世話をする部屋、リビングルーム、台所や寝室をつくり、家族生活を再現しています。

自然の空間、たとえば森の木と大きな岩の間を家に見立てます。小さい小屋がよく家族遊びに使われますが、小屋は数本並んだセイヨウネズの低木の間とか、トウヒの樹の幹と垂れ下がった枝の間などでできた自然空間を利用することもあれば、子どもたちが落ちている木の枝などでつくったりすることもあります。年少児のハリネズミ・グループの場合、「家」の中での重要な場所は木の切り株となります。数人の女の子がこれをコンロに見立てて料理をしています。

自然物はさまざまな方法で使われます。木の枝や岩は家具や壁になります。小枝は、フォークやナイフになったり、一か所に集めて薪《たきぎ》になったりします。雨が降ったあとは、ヤマナラシの木を揺らせばシャワーになります。苔はベッドに使い、ままごとの食べ物は木の葉や松葉、そして松ぼっくりであったりします。

また、木の枝は、子どもたちが寝る真似をするとき、帽子をひっかけるハンガーにもなりますし、石の板はパソコンになります。そして、第6章で説明したように、シラカバの樹皮を半分に折って携帯電話として使うこともあります。

このように自然物は、伝統的なものにも、パソコンや携帯電話といった近代的なものにもなるのです。家を象徴する場所で多くの遊びが繰り広げられるわけですが、遊ぶ場所はあちらこちらへと広がります。家族遊びでは、花摘みをしたり、魚釣りをしたり、バーベキューの真似をしたりしますが、このような遊びは、拠点になる場所の周りで繰り広げられることになります。

スーパーヒーロー遊び

年長児のグループにいる男の子の間では、「狩り」と「闘い」といった遊びがよく見られます。広い場所を動き回り、銃を使って狩りをするといった真似をします。この種の遊びは、テレビ番組、映画、コンピュータゲームやおもちゃを通してアクセスできるポップカルチャーからインスピレーションを受けたものです。とくに、四～五歳の男の子のなかでは、レゴに登場するスーパーヒーローである「バイオニクル」[1]がお気に入りの遊びとなっています。スーパーヒーロー遊びでは、自然環境の野性的な特徴を活用して、冒険、狩猟、戦闘の舞台がつくられることになります。

年少児のグループの基地にある「ノートパソコン」

メディアに取り上げられた物語にインスピレーションを受けた子どもたちは、宇宙、海、険しい地域といった環境を野外でイメージしながら遊びを繰り広げていきます。自然環境は、そのような背景を象徴する際に適していると言えます。以下のエピソードは、倒木を舞台にした遊びに関するものです。

リーヌスとクリストファーは、大きな倒木によじ登っています。彼らは、倒木を船と見なしてエンジンの音を出し、さまざまな「ボタン」を押しています。その船には、銛《もり》と魚雷が装備されています。

船の周りには、敵もいればサメもいます。クリストファーは、サメを捕まえるために銛を打とうとしています。一方、リーヌスは船のブレーキをかけます。クリストファーは、「船全体」が持ち上がったので「宙に浮いた家」に船が変身したと言っています。リーヌスがエンジン音を出して、叫びました。

「しまった！　ボタンを押したら、宇宙まで飛んできちゃったよ！」

（1）　レゴ社が開発し、製造販売している七歳から一六歳を対象にした玩具のシリーズです。日本の戦隊ヒーローのようなもので、ポリネシア神話をもとにしたストーリーが展開され、映画化もされています。

この例では、倒木が船を象徴し、それが家になり、宇宙船に変身していきます。レゴ・シリーズの「アトランティス」に登場する船に似ています。その話のなかに、銛《もり》と魚雷を積んだ潜水艦が登場するのです。

また、自然環境の中であれば、スーパーヒーロー遊びに含まれる身体的なチャレンジも繰り広げることができます。たとえば、よじ登ったり、ジャンプしたり、高い所から地面に飛び下りたりすることもできます。「敵」を偵察するときに必要な見張り台も、木や山を使うことで格好よくできます。木の枝は兵器に使えますし、地面は地下の洞窟と溶岩の流れと想像することができます。場所も充分にあります。広い場所では素早く動くことができるため、ベースとなって

高い丘を駆け上るスーパーヒーローたち

いる平らな場所で子どもたちは走り回っています。

動物遊び

ここ数十年の間、動物の真似をするといった象徴遊びが増えています。部分的にですが、伝統的な家族遊びに取って代わったとも言えます［参考文献10・47］。これにより、子どもは伝統的な家族遊びに付きものである台本に従わなくてもよくなりました［参考文献19・48］。また、人間の赤ちゃんよりも動物の赤ちゃんの真似をするほうが自由に動けますし、活発になります。

「レインボーゲン野外就学前学校」では、動物が多様な形で遊びに登場することがよくあります。家族遊びのなかでは（とくに年長児の）、家族のメンバーが動物になることもあります。しかも、自分が動物役を演ずるだけでなく、時には本物の動物、たとえばカタツムリに演じさせることもあります。つまり、生きた動物が遊びの素材になっているわけです。

子どもはまた、いろいろな方法で動物の世話をするといった遊びもします。たとえば、第6章で記述したスティーナとダニエルの事例のように、怪我をした動物の世話をする遊びなどです。動物遊びは、スーパーヒーロー遊びと同じく自然環境を舞台にした遊びであるため、時としてスリルと冒険をともなうことにもなります。たとえば、野生動物の狩りをしたり、また逆に追われたり、さらには雪の上の恐竜の足跡探しをしたりといった遊びです。

子どもたちは、自然環境に魅了されて動物遊びを展開します。カタツムリや虫のような本物の動物と遊んだり、想像上の動物と遊んだりします。動物と自然が密接につながっているため、自然環境それ自体が動物遊びを魅力的なものにしているのです。ある種の野生動物は、子どもたちが遊んでいる場所に実際に生息しています。そして、そのような場所に生息できるかもしれないと考えをめぐらせるだけで、そこには生息していない動物への想像も駆り立てられるのです。

管理されていないという特徴をもつ自然環境は、野生動物を想像する場合には最適

人気のあるカタツムリとの遊び

となります。拠点になる場所に多様なタイプの自然があれば、そこに生息していそうな動物を子どもたちは想像することでしょう。

その他の遊びのテーマ

その他の遊びのテーマとしては、いろいろな野外活動からインスピレーションを得ているものがあります。たとえば、火を焚いたり、魚釣りをしたり、サーフィンやスケートをしたり、ナイフで削ったりして遊んでいます。野外生活からインスピレーションを受けた遊びのなかには、木の枝を集めて高く積み上げたものを焚き火に見立てたり、木の枝と紐で釣り竿をつくって、溝から落ち葉を釣り上げたりするといった遊びがあります。

次節で紹介する二つの事例は、危険なものが含まれている童話をテーマとする想像遊びです。

遊びのテーマは環境に影響される——スティーナとハンナの話

ここまで、遊びのテーマについて説明をし、森の環境と素材が遊びにとって非常に重要な要素であることを示してきました。本節では、二人の女の子が基地について話している会話を紹介することで、自然環境との出合いのなかでどのような遊びが生まれているのかについて、より具体的に説明をしていきます。

私が、調査のために「レインボーゲン野外就学前学校」に通いはじめたころ、スティーナとハンナという五歳の女の子に、「グループの基地に一緒に行って、遊びについて話をしてほしい」と頼みました。二人は、森の中をあちらこちら、話しながら案内をしてくれました。私はその間、ずっとビデオを撮りながら歩きました。女の子たちは、話をしては遊ぶというように、話と遊びを交互に繰り返していました。

女の子たちの話のほとんどは動物についてのものでした。彼女たちの案内で森に出掛けたときのことです。基地のある山に登る途中、私たちは次のような会話をしました。

スティーナ　私は、危ないトラを飼っているんだけど、歯が痛いから大丈夫よ。
エーバ（著者）　そのトラ、歯が痛いの？
スティーナ　そうなの。
エーバ　じゃあ、危なくないのね？
スティーナ　うん、危なくないよ。

エーバ　そのトラはどこにいるの？
スティーナ　トラは、この横にいるよ。（崖を指差しました。）
ハンナ　それは、見えないの。
スティーナ　毒へビもいるよ。
エーバ　毒へビもいるの？
スティーナ　ここは動物園なのよ。

散策が続きましたが、その間に彼女たちは、あちこちにある動物の棲み処を指差しながら教えてくれました。前述したように、動物は子どもたちの遊びに登場するありふれた材料なのです。ハンナとスティーナが話してくれる動物は、散策先にある穴を掘ったときに見つけたミミズや昆虫のように実存する動物であったり、近くで見かける可能性のある野鳥、ネズミ、犬、馬、シカ、キツネ、野ウサギ、ハリネズミ、リスやアヒルなどであったりします。そのほかにも、外国に生存するワニ、オランウータン、ハゲタカ、オオカミ、そしてデイズニー映画に登場するバンビと、その友だちであるウサギのとんすけがありました。

ある動物は、特殊な場所に棲んでいます。ハゲタカは枯れた木に、野鳥は巣箱に、ワニは沼に、アヒルはスティーナが「葦《あし》」と呼ぶ背の高い草に棲んでいます。子どもにとっては場所の特徴が重要であり、自然環境はその場所に適すると思う動物を想像するための機会を子どもたちに提供していました。

時には、動物は自然物で象徴されます。たとえば、ハンナとスティーナは、半分朽ちた樹木の根を指差して「恐竜の頭だ」と言いました。ほとんどの動物は、前述したように、崖にいるトラのようには見えないのです。

前述のとおり、時々二人は、散策の途中に遊びはじめることがありました。森の中を歩いている間、動物園の番犬であるリッキーが一緒にいると彼女たちは言います。そして、オランウータンやワニに向かって、出てくるように誘いかけます。

ハゲタカが棲む木

ハンナは、ワニの赤ちゃんを頭に乗せていると言いました。また、リスの赤ちゃんが木から下りてきて、二人の肩に乗る真似をしました。ハンナが、「キツネがウサギのとんすけを襲おうとしていたので弓で射ったの」と、曲がった枝と真っ直ぐの枝を使って弓矢を射る真似をしました。

森の環境は、童話の世界に登場するテーマや象徴遊びも提供してくれます。以下のエピソードは、スティーナとハンナが、小さい野原に一つだけある岩に着いたときのものです。このエピソードにも動物が登場しますが、童話に焦点が置かれたものとなっています。

スティーナが岩を木の枝で叩きました。

スティーナ　岩の中に隠れなさい。（聞き取りにくい。）
エーバ（著者）　何？
スティーナ　ウサギよ。ウサギがこんなふうに跳ぶの。ダン、ダン、ダン。（木の枝をウサギに見立てて、地面で真似をしてみせてくれました。）黒くて、とっても可愛いの。可愛い鼻をしていてね。青色をした赤ちゃんを一〇〇匹も産んだの。
ハンナ　トントンと言ってごらん、ウサギさんがピョンと跳び出すよ。
（ハンナが、岩を木の枝でトントンと叩きます。）
ハンナ　私がお母さんウサギを誘い出したの。

スティーナが、青色のウサギの赤ちゃんを抱っこする真似をします。ハンナも、ウサギを抱く格好をしました。

ここでは、岩の間からウサギを跳び出させる魔法のステッキとして木の枝が使われました。童話のなかでは、枝が魔法のステッキとして使われることがよくあります。正しい呪文を唱えると、魔法のステッキで岩を開くことができ、動物や生きものを跳び出させることができるのです。つまり、問題を解決することができるということです。魔法のステッキ（あるいは別のもの）と正しい呪文を唱えることで、限界を乗り越えることができるということです。

もう一つのエピソードも童話の話を思い起こさせます。私たちが山道の坂を下っていくとき、女の子たちは地面の下に危険なものがあると話していました。

ハンナ　ここは、一番危ない場所なのよ。

エーバ（著者）一番危ない場所って？

スティーナ　そうなの。ここの、この赤いところを足で踏まなければならないの。

（彼女は、地面に赤く塗られた場所を指差しました。）

エーバ　もし、踏まなかったらどうなるの？

スティーナ　そしたら、お医者さんのところに行かなければならないわね。

ハンナ　ううん、もし踏まなかったら地面が割れて、死の洞窟に落ちてしまうのよ。

エーバ　死の洞窟って？

—スティーナ　うん、そこにはたくさんトラがいるの。

森は、よく童話の舞台になります。童話のなかでは、気を付けないといけない危険な場所が森の中に登場します。主人公は子どもの場合が多いのですが、森の中でさまざまな危険や試練を乗り越えなければなりません。童話では、子どもは動物や木といった自然のものとつながり、救われるようになっています［参考文献1］。

上記のエピソードでは、「死の洞窟」が危険を指しています。そして、童話と同じように、怪我をすることなく無事に乗り越えるというストーリーになっていました。自分の身を守り、危険を避けるためには、物事を正しく行わなくてはならないということになっています。上記の場合、赤く塗られたところを足で踏むことで回避していました。

この二人の話のなかでは、危険なものがよくテーマに挙がっていました。彼女たちは、オオカミ、ハゲタカ、ワニや毒の実について話をしていました。しかし、ハンナとスティーナは、危険なものの話をする一方で、自分たちは守られているから大丈夫だと言います。山の登り道で話をしてくれたトラは、歯が痛いので危なくないということになっていました。枯れた木に棲んでいるハゲタカは、「人間を食べるのだけれど、私たちにはやさしいの」とハンナが説明してくれました。

子どもの場所はつくられる

第4章で述べましたが、ここでもう一度、どのように居場所がつくられるかについての議論に戻りたいと思います。ウルビグとグルロブ[2]が著した本〔参考文献66〕とラスムセン[3]が著した本〔参考文献70〕では、「子どものための場所」と「子どもの場所」との違いついて議論がされています。「子どものための場所」とは大人がつくり上げたものなので、大人が考える子どものニーズが反映されています。一方、「子どもの場所」は、ラスムセンの定義によると子どもが使う場所および友だちとよく使う場所となっていますが、時には一人で使う場所もあります。ラスムセンは、子どもたちは自分たち自身の場所を「場所」と呼ぶことはない、と言っています。彼らは、言葉ではなく身体でその場所を示すと言います。

彼らの場所の使い方を見ることで、その場所がどこにあり、どのような意味があるのかが分かります。子どもたちがその場所を使いはじめると、その場所が特別な意味をもち、特別な感情が目覚めます。大人がつくった多くの場所も、子どもが使うようになれば子どもの場所となります。また、大人の介入なしに、時には反対をされながら子どもたちがつくる場所もあります。というのも、よく大人は、そのような場所での子どもの遊びが無秩序で破壊的なものであり、禁止されるべき行動だと考えるからです。

ラスムセンの理論は、アメリカのインディアナ大学の名誉教授で社会学者のコルサロ（William A. Corsaro）〔参考文献10〕による「子どもの友だち文化」についての議論と似ています。コルサロは、就学前学校で日常的に顔を合わせている子どもたちは、ローカルな友だち文化を発展させると言います。それは、遊びや歌、そして日課などです。これらの友だち文化において子どもたちは、周囲の社会から得られる材料と文化的な資源を、自分たちの目的に合うように創造的な方法で使うわけです。

コルサロは、このプロセスを「解釈しながらの再生」と呼んでいます。その概念は、子どもの友だち文化は新しく創造するものですが、同時に文化的、物質的な資源はアクセスできるものを基盤にしているということです。子どもがその場所を制御し、自分たちの遊びの場として使って初めて、それが彼らの「友だち文化」に属すると言えるのです。

「レインボーゲン野外就学前学校」の子どもたちは、場所をつくる作業に大いに貢献しています。子どもは、遊ぶことで居場所をつくり出します〔参考文献70〕。子どものグループが使う場所は、

（2）（Karen Fog Olwig）デンマークのコペンハーゲン大学の教授で人類学者。（Eva Gullov）デンマークのオーフス大学の教授で教育人類学者です。

（3）（Kim Rasmussen）デンマークのロスキレ大学の准教授で幼児教育学者です。

彼らが遊び、活動に使うことで意義をもつようになるのです。ほかの子どものグループと同様、毎日の生活のなかで、遊びのテーマとさまざまな儀式をともなう友だち文化がつくられるのです［参考文献10］。

このようにして、特別な遊びをする場所がつくられていきます。またそこで、同じ遊びが何度も繰り返されることになります。遊びのなかで、子どもたちの間で、かなり共有された意味をもつようになった場所があります。たとえば、沼は海、溝は小川、曲がった木はオートバイのようにです。この文化で使われる材料は、周囲に存在する大人の世界と幅広い子どもの文化で得た経験から持ち寄られているものです。

本章と前章で記述した遊びの事例では、物理的な環境が遊びを構成するうえで重要なものとなっています。子どもは、拠点となる場所の範囲内に特別な場所を選んで、いろいろな種類の遊びを展開します。それらの場所は、何に使えるか、何に似ているかによって意義が生まれます。つまり、運動や探検をするのに魅力的かどうかということが場所の重要性を決定するのです。それは、木登りができる木であったり、すべり台になる山の斜面だったり、上から飛び下りられる窪地だったり、隠れ家になる低木だったり、よじ登れる岩だったり、水遊びができる溝だったりするのです。これらのさまざまな場所が、いろいろな活動とつながっているのです。

子どもたちは、場所の特徴に合わせた遊びを好みます。子どもの身体的な遊びにとって、環境がもつ特徴が特別重要になります。言うまでもなく、自然環境の中に、木登りをはじめとしてジャンプをしたり、走ったり、隠れたりするといった行動の可能性が含まれているからです［参考文献28・36］。

ごっこ遊びにおいても、環境の特徴には大きな意味があります。さまざまな環境と自然物を象徴遊びに使えるからです。場所と子どもの遊びは、相互に影響を与え合います。場所の特徴が子どもの遊びに影響を与え、子どもがその場所を使うことで場所も変化するのです。たとえば、子どもが落ちている木の枝を使って小屋をつくり、想像遊びをするときです。ごっこ遊びでは、さまざまな場所をいろいろな部屋やほかの文化的な場所、たとえば家の各部屋、就学前学校の部屋、市場、動物園などの象徴として使います。このように、場所の特徴が遊びに影響を与えるのです［参考文献110・112］。

子どもの場所づくりの一部を大人が手助けする場合もあります。とくに、慣らし保育のときに保育者は、場所をどのような遊びに使うのかについて、子どもと一緒に遊びながら教えます。それ以外の場合は、子どもたちがほとんど場所をつくっていきます。とくに、スーパーヒーロー遊びの場合がそうだと言えます。

その理由の一つとして、大人がこの遊びのインスピレーションとなっているメディアのことを知らないことが考えられます。もう一つは、保育者たちがスーパーヒーロー遊びにためらいを感じているからです。それは、闘いの遊びをモラル的によいと思っていないうえに、大声を上げて遊ぶので、ほかの子どもがうるさいと感じるからです［参考文献7・52］。

この種の遊びは、室内ではほかの子どもの邪魔になると言って、よく注意の対象となっています。しかし、調査を行った野外就学前学校では、ほかの子どもの邪魔にならずに遊ぶことのできる可能性が十分にありました。

大人が主導する活動の範囲内でも、子どもたちは自らのゾーンをつくることができます。たとえば、地面に落ちている松葉と木の枝で遊ぶことができます。大人が主導する活動に参加しながら、身の周りの自然で起きていることに注目するわけです。大人が主導して提供する日課と儀式のほかに、子どもたちは自らの日課や儀式も見つけ出しています。たとえば、トンネルのようなところで「オーイ」と大声を出したり、電柱をコンコンと叩いたりするといったことです［参考文献10］。

遊びに自然と文化が混ざり合う

調査対象となった野外就学前学校では、子どもたちが森で想像遊びをするときのテーマは、自分たちの経験、おもちゃ、童話やほかのメディアから選んできたものでした。つまり子どもたちは、文化的な経験を遊びにもち込み、自然にあるものを使って再現しているのです。森のさまざまな場所や自然の素材が文化的な意味をもち、遊びのなかでそれらが象徴的に使われるのです。

この点において、森での遊びとほかの環境での遊びに違いはありません。子どもは、周囲の環境からテーマを選んでくるのです。子どもは周りの文化を再現し、創造しながら解釈するプロセスのなかで文化に適応していくのです［参考文献10］。

就学前学校以外での生活を遊びで再現することについては、森での遊びも室内での遊びに似ています［参考文献10］。しかしながら、森での遊びには自然環境の様態に影響されるという特徴があります。遊びに動物がよく登場するのは、自然環境が動物遊びを魅力的なものにするからです。同様に、森の環境が童話や冒険のテーマを魅力的にすると考えられます。動物と童話のキャラクターが教育の重要な要素と考える「雨の日も晴れの日も」の活動においては、これらのテーマがよく使われています［参考文献99］。

遊びの内容は、いろいろなところからインスピレーションを受けています。家族遊びでは家庭での経験を再現していますし、就学前学校での活動といった経験が遊びに取り入れられる場合もあります。また、ある遊びは、伝統的な童話からインスピレーションを受けています。たとえば、北欧の古い童話であるトロールの話などです。ずっと昔から、森と森の生きものは魔術と神秘性をもっているからです［参考文献17・80］。このように、森に文化的な意味があるため、童話を使った遊びが魅力的なものになるのです。

そのほかにも子どもたちは、児童文学やおもちゃ、そのほかの子どもを対象する文化からインスピレーションを得ています。年少児は、「ロンネベリヤのエーミル（Emil i Lönneberga）」、「長靴下のピッピ（Pippi Långstrump）」、「バーバパパ（Barbapapa）」の遊びをします。一方、年長児は、デイズニー映画とバイオニクル（二一六ページ参照）の内容を使って遊びます。このようなメデイアの世界からもってきたテーマの遊びではおもちゃを必要としません。メデイアのシンボルについての知識を使って遊ぶので、手におもちゃを持って遊ぶ必要がないのです［参考文献4・61］。

「レインボーゲン野外就学前学校」の子どもたちは、ほかの子どもたちに比べて、おもちゃの代わりにジェスチャーと言葉をよく使います。それは、おもちゃを使わないで遊びのテーマを表現するために、ここの子どもたちが発展させた戦略と考えることができます。しかしながら、就学前学校での室内遊びに関する研究報告書では、子どもたちが仮装するための服や劇の道具を使う代わりにジェスチャーや言葉によって役柄や道具を表現する傾向があると記述されています［参考文献54・65］。

どちらのグループの子どもも、地域の遊び文化をつくっています［参考文献10］。それらの遊びは、いろいろな日課、儀式、遊びのテーマを包容する場所に密接に関係しているのです。また、子どもの遊び文化には保育者から提供された特別な場所を使うことがあります。そして、その場所を自分たちのものにすることもあります。たとえば、年少児にとっては拠点となる松の木だったり、自分たちで海賊遊びをはじめた小沼だったりします。

子どもは遊びのなかで、自分たちだけの場所も、共同で使う場所もつくり出すのです［参考文献71］。このようにして、子どもは場所に意義をもたせ、自らの場所をつくり出していくのです。

第8章

森では、男女が別々にも一緒にも遊ぶ

第６章と第７章では、森の環境への興味から、子どもたちがいろいろな遊びを展開していることを説明しました。本章では、ジェンダーの視点から遊びを分析することにします。さまざまな遊びにおいて、女の子と男の子は、それぞれどのようなポジションをとることができるのでしょうか。そして、自然環境は、男女が平等にかかわれる遊びに、どのような可能性を提供してくれるのでしょうか。

就学前学校が目標としている男女平等

スウェーデンの「就学前学校カリキュラム」〔参考文献81〕には、就学前学校は男女平等を目指すこと、そのためには伝統的なジェンダーの枠組みに対抗するように、と記されています。[1] しかし、国の調査報告書である「就学前学校における男女平等」〔参考文献84〕では、就学前学校は、男女平等の目標を達成するのに困難な状況にあると指摘しています。その調査報告書のなかに記されている研究調査によると、就学前学校は、伝統的なジェンダーの枠組みを解消するどころか、場合によっては強化している状況にあると示されていました。

国の調査報告書は、ジェンダーの視点から重要な要素として、就学前学校における物理的な環境と遊びの素材をその理由の一つとして挙げています。環境と素材によって、さまざまな部屋でできることとできないことが規定されてしまいます。環境と素材は、女の子と男の子の両方にさまざまな方法でメッセージを送ることになります。これまでの章では、森の環境と自然の素材は、ある意味ではほかのものと異なることを示してきました。たとえば、自然の素材であれば、一般的な玩具のように明解なメッセージをもつことはありません。このことは、子どもの遊びと男女平等という視点においてどのような影響を与えることになるでしょうか。

就学前学校におけるジェンダーと遊び

　就学前学校の子どもの遊びは、性別によって差異が見られるという研究報告は、スウェーデン国内だけでなく国際的にも数多く存在しています［参考文献５・14など］。まず、女の子と男の子では遊びのテーマが異なります。たとえば、男の子は善と悪との闘いといったテーマを選びますが、女の子は多くの場合、日常生活に関係するテーマを選びます［参考文献５・14・54］。そのうえ、女の子と男の子では好きな玩具も異なるほか［参考文献５・60］、遊ぶ部屋も違ってきます［参考文献14］。また、園庭に出ても、女の子と男の子は異なる場所で遊びます［参考文献13］。

　男女平等に取り組んでいる就学前学校の保育者は、自分たちの戦略に効果がなかったという経

（1）女の子と男の子に対する大人の対応の仕方について、「就学前学校カリキュラム」では以下のように記されています。「要求や期待の違いは、子どもが何が女性的で何が男性的であるかという意識を養うことに影響を及ぼす。就学前学校は、伝統的な男らしさ女らしさの考え方や男女の役割分担に反対する。就学前学校の女子も男子も、ステレオタイプな性別役割から離れて、自分の能力や関心事を試して成長させていく上で、男女がともに同じ可能性をもたなければならない」（白石淑江・水野恵子『スウェーデンの保育の今――テーマ活動とドキュメンテーション』かもがわ出版、二〇一三年、一八五ページ）

験をたくさんもっています。つまり、大人が男女平等の状況をつくるように試みたとしても、子どものほうが固定観念や先入観に基づく遊びを選択してしまうということが起きるのです〔参考文献14・55〕。それは、なぜなのでしょうか。

その理由として多くのジェンダー研究者は、人々の性のアイデンティティは日常生活を通してつくられるとしています。オーストラリアのウェスタン・シドニー大学の名誉教授で幼児教育学者のデイヴィス（Bronwyn Davies）は、子どもは社会に性別の役割を教えられるのではなく、話や遊びを通して、自らが生活している社会に存在する男女観を積極的に取り入れていると述べています〔参考文献14〕。

子どもは生まれてからすぐ、男性と女性の二種類の人間に分かれていることを意識しはじめます。社会の一員として許容されるためには、子どもは「正しい」性を選ばなければなりません。そして、その性に適当と考えられる行動をしなければなりません。しかし、ある特定の状況では、女の子でも男の子でも多様な行動を選択することができますし、多様な地位を占めることができます。そのように、男女かかわらず多様な行動が選べる環境であれば、固定観念や先入観に基づく行動を選択する必要のない機会が増えることになります。

私たちが、性別のアイデンティティを築くうえで重要となることは、話し方や考え方だけではありません。洋服や人工物のようなものも、自分自身を女性・女の子、あるいは男性・男の子として位置づけるときに重要となってきます。

カリフォルニア大学バークレー校教授でジェンダー理論家のバトラー（Judith Buttler）は、「行動」「パフォーマンス（performance）」［参考文献６］という概念を使用しましたが、これは「行動」と訳すことができます。性のアイデンティティは、身体をどのように動かすのか、どのような服装をするのかによってもつくられる、と彼女は述べています。

多くの科学者が、どのように性のアイデンティティがつくられ、維持され、男らしさがそのプロセスのなかで優位を占めるようになるのか、そのメカニズムを解明しようとしてきました。オーストラリア・シドニー大学の名誉教授でジェンダー理論家のコネル（Raewyn Connell）は、「覇権的男らしさ」［参考文献９］という概念を紹介しました。その概念とは、社会における男性の支配的位置を維持するために、ある種の特別な「男らしさ」を一般的な「男らしさ」や「女らしさ」に比べて優位なものであると評価することです。

一方、ストックホルム大学名誉教授の歴史学者ハードマン（Yvonne Hirdman）は、「男女区別の原則（isärhållandets princip）」［参考文献39］という概念を使用しています。これは、「女らしい」と見なされることに距離を置くことによって「男らしさ」をつくり出すというメカニズムのことを示しています。

就学前学校の研究者は、この概念を使って、男の子は女の子の玩具・遊びのテーマ・活動といった「女らしさ」と考えられるものを避ける傾向がある一方で、女の子のほうは「男らしい」とされる活動を選ぶ自由度が大きいことを示しています〔参考文献5・46・38・62・106・107〕。

オーストラリアのヴィクトリア大学教授で幼児教育学者のブレイス（Mindy Blaise）は、「覇権的男らしさ」とは、男の子としてもっとも望ましく、権力と結びつくと考えられる姿勢だと言います〔参考文献3〕。彼女は研究のなかで、子どもたちが規範的なジェンダーの枠組みに適応しながらも、自分の反対の性に属する役割を演じることで、固定観念や先入観に基づかない地位を選択することがあると示しています。

自然環境におけるジェンダーの研究

前章では、年長児（三歳から六歳）の八六人に対して、森での遊びについてインタビューをした研究があることについて述べました〔参考文献113〕。インタビュー内容をジェンダーの視点から分析すると、最初は、女の子と男の子の遊びにおいてそれほど大きな差異は見いだされないように思われました。女の子も男の子も、身体を使う遊び（よじ登る、走る、ジャンプをするなど）や建築遊び（雪の灯籠《とうろう》や隠れ家をつくる）、想像遊びをする、と答えています。表面的なレベルでは、男女の違いはまったく存在しないように見えました。しかし、遊びのテーマと遊びにおける役割の段階になるとジェンダーの枠組みが見えてきました。森の中で行う遊びのテーマの選択において、明解なジェンダーの構造が見えてきたのです。

一つか二つのテーマは共通していましたが、それ以外では、多くのテーマが男女間で異なっていました。共通していたテーマは、ママ・パパ・子ども遊びと動物遊びでした。女の子は、そのほかにお店ごっこと『ターザン&ジェーン』のような映画をテーマとして挙げました。一方、男の子は、恐竜やスーパーヒーロー、映画では『スター・ウォーズ』や『ロード・オブ・ザ・リング』をテーマとして挙げていました。

共通するテーマのなかでも、時として、男女の役割や地位が異なることで距離がつくられることもありました。たとえば、動物遊びのとき、男の子がワニの役をして、女の子がウサギの役となり、ワニがウサギを食べてしまうといった遊びです。スウェーデンのメーラルダレン大学教授で幼児教育学者のエーレマルム・ハグセル（Eva Ärlemalm-Hagsér）は、このタイプの遊びにおいては男の子が優位に立ち、女の子よりも権力をもつことで上下構造が顕著になると説明しています。

別の研究報告書では、もう少し大きい子どもたちによる森の中での活動と、彼らの森についての話を対象にした調査がなされていますが、それによると、ジェンダーを構成するために自然環境が使われていることが明らかとなっています。

ハルデン教授（iiページ参照）の研究は、青少年が自らの将来について書いた話をもとにしています［参考文献33］。そこでは、「一三歳～一四歳の男の子は、森を狩りと男性同士の友情の場としている」と記述されています。このような話は、男らしさのアイデンティティと能力について書かれた論文で見ることができます。

ノルウェー科学技術大学の教授で子ども学の研究者であるショウホルト（Anne Trine Kjörholt）は、一〇歳から一五歳の男の子たちに行ったインタビューをもとにした研究報告書のなかで、彼らは小屋をつくると同時に男らしさのアイデンティティを築いていると述べています［参考文献50］。それは、大工仕事の上手なことが男性のアイデンティティにおける重要な一部となっているため、小屋をつくることがその実践として捉えられているとしています。

このように、男性のアイデンティティを構成することは、地域社会における成人男性の文化的な習慣が重視されていることと共通しています。

オスロ大学の名誉教授でジェンダー理論家のビヤールルム・ニルセン（Harriet Bjerrum Nielsen）は、一一歳から一五歳の子どもを対象に、ロシア・スロバキア・ポルトガル・デンマークにおけるスカウト[2]活動の合宿をフィールドにして、エスノグラフィー調査（二九ページ参照）を行いました［参考文献2］。この調査によって、自然環境が伝統的なジェンダーの地位を再生産する際に使用されていることが示されました。

合宿での作業と物理的な空間は、一般的なヨーロッパの伝統的な考え方によって振り分けられていました。たとえば、女性はキャンプの近くに留まり、食事をつくったり、皿洗いや洗濯をし、男性はキャンプの外で薪を割るなどといったような作業を行っていたのです。

遊びのタイプにおけるジェンダーの地位

第6章と第7章では遊びについて説明しましたが、今度は、それらをジェンダーの視点で分析したいと思います。以下で紹介する三つの遊びには明解な象徴的レベルがあり、第7章で記述している「スーパーヒーロー遊び」、「家族遊び」、「動物遊び」という三つのテーマに対応しています。そして、四つ目の遊びには象徴的なレベルもありますが、主に身体的な遊びとなっています。それぞれの遊びにもタイプがあり、どのように展開するのか、どのようなテーマにするのか、どのような遊びの活動と役割にするのかなどについての相互理解があるほか、ルールもあります。

（2）　日本で言うところのボーイスカウト活動のことですが、男女共同で行う場合もあります。

　ここでの私の目的は、女の子と男の子がそれぞれ多様な遊びに参加し、どのようなジェンダーの地位をとることができるかを示すことです。一つ目と二つ目の遊びの一部においては、固定観念や先入観に基づくジェンダーの地位が再生産されていましたが、あとの二つの遊びにおいては、ジェンダーという地位の境界を超える可能性を見いだすことができました。

①沼の海賊

　最初の遊びの例はスーパーヒーロー遊びです。スーパーヒーローが登場し、闘いをともなう遊びが男の子に限定されたものであることは一般的です。つまり、この遊びは、男らしさのアイデンティティをつくり出す方法の一つと考えることができます。スーパーヒーローのテーマには、ある種の男らしさが含まれています。力強く、権力的であることが特徴であり、これは「覇権的男らしさ」〔参考文献9〕に相当すると言えます。

　男の子のヒーロー物語に必要となる英雄的なキャラクターは、ポップカルチャーに見いだすことができます〔参考文献46〕。この遊びでは、女の子も女性の役割も登場することはありません。これは、男らしさと女らしさを混合させるべきではないという「男女区別の原則」の理論（二四一ページ参照）に関連づけられるものです〔参考文献39〕。

第7章で述べたように、年長児のグループのうち、数人の男の子がよくスーパーヒーロー遊びをしていました。この遊びには、一度も女の子が参加することはありませんでした。次に示す事例は、年少児のグループのなかでも一番年上となる男の子たちによるスーパーヒーロー遊びの様子を示したものです。

ミカエル、フェドリック、ニクラスは三歳児です。彼らは枯れた沼で遊んでいます。そこには、木製のパレット(3)、板、丸太があります。ニクラスが沼を海にして遊ぼうと提案します。「大砲の発射準備をせよ！」と、フレドリックが役になりきって言います。ミカエルが木製パレットに立ち、フレドリックはその木製パレットから突き出ている板に乗っています。ニクラスも木製パレットに乗ります。

私は、子どもたちに「何をして遊んでいるのか？」と尋ねました。彼らは海賊ごっこをしており、木製パレットは海賊船でした。同じく三歳の女の子ジェニーが沼に来て、一緒に遊んでいいかと聞きました。フレドリックが、「僕たちは海賊だけど、君は海賊じゃないから遊べないよ」と言いました。ジェニーは、そこを立ち去りました。

（3）トラックで商品を運ぶときなどに、底に置く木製の荷台のことで、その上に商品を置いて運搬します。

この遊びには、戦闘がテーマになっていると思われる部分がありました。言うまでもなく、それは海賊と大砲です。ジェニーが仲間に入りたいと頼むと、彼女は海賊ではないからと断っています。これについて言えば、女の子は海賊遊びに参加することはできないとフレドリックが考えており、ジェニーは女の子であるがゆえに参加できないと考えている、と解釈することができます。

②魚のバーベキュー

次の例は家族遊びです。この遊びでは、ママと子ども、ママとパパのように対をなす役割が出てきます［参考文献27］。家庭では、母親が家事と育児といった分野において権力をもっています。ママの役となる女の子には、ほかの子どもに関する決定権が与えられます［参考文献96］。そして、多くの場合、女の子がこの遊びにおいては権力をもつことになります［参考文献54］。

沼での海賊遊び

家族遊びに参加する男の子は、ママに従う役割を引き受けることになります。就学前学校の室内で行われる家族遊びは「人形のコーナー」でされることが多いのですが、そのコーナーは普段、女の子が権限をもっているところです［参考文献14］。家族遊びは女の子だけのときが多いものですが、時には一～二人の男の子も加わることがあります。しかし、この遊びに関しては女の子がリードをしているのです。

エスター、フィリッパ、ヨーナスはともに四歳です。長い時間、年長児の基地のそばで、溝に落ちている葉っぱを釣り上げる遊びをしていました。魚釣りを終えたエスターが、たき火の前に座ろうと言いました。そして、木の下にたき火がある真似をして、その周りに座りました。釣り上げた落ち葉を魚と見なして、たき火の上でバーベキューをするという遊びをしているのです。

この遊びでは、エスターがママで、ヨーナスがお兄さん、フィリッパが妹となっています。エスターが「魚が焼けた」と言います。すると、みんなで食べる真似をしました。フィリッパは、草の葉がサラダになると気付きました。そして、みんなでサラダを食べる真似をしました。エスターが、「さあ、これでごちそうさま」と言いました。

紹介したエピソードでは、エスターが遊びのリードをしていることが分かります。魚釣りを終えたあと、彼女がたき火の前に座るようにリードをしているのです。そして、食事ができたことも決めました。彼女が、遊びに影響力を与えることのできる地位である「ママの役」をしているわけです［参考文献96］。

この遊びは、料理をして食べるということが主題となっており、ママと子どもの役割があるということから従来の遊びと言えます。しかしながら、別の視点から見ると、従来の遊びとは違ったものとなります。そのため男の子のヨーナスは、伝統的な遊びよりは抵抗が少なく、参加できると考えたのでしょう。

その理由として、子どもたちは室内にある「人形のコーナー」ではなく、野外という自然環境で遊んでいたことが挙げられます。そして、料理をした食材が川から釣ってきた魚であったため、たき火で調理をしたわけです。魚釣り

森での家族遊び

と野外生活は、伝統的に男性が行う分野と考えられています。つまり、遊びに使用された場所と遊びの内容が伝統的な家族遊びの枠に収まっていないため、ヨーナスは「女の子の遊び」をしている男の子と見られるリスクがないというわけです。

③ヒョウとモンスター

調査対象となった野外就学前学校では、動物遊びが頻繁に見られました。第6章で記述しましたが、動物をテーマにした象徴遊びは、伝統的な家族遊びよりも遊びのストーリーや役割分担における自由度が高いと言えます。また、動物遊びは、子どもたちに固定観念や先入観に基づく役割に対して抵抗できるだけの機会を与えます。

先に紹介したブレイス（二四二ページ参照）は、マディソンという女の子が、ジェンダーの枠組みに抵抗しようとするエピソードを記述しています［参考文献3］。遊びのなかで彼女は、家族を火事から救い出します。そのとき、彼女は雄の犬の真似をしますが、その地位によって彼女は救助者としての役割を演じ、権力をもつことができました。

次に紹介する事例では、子どもたちが動物になって遊んでいます。

スティーナ、ハンナ、フェリックはともに五歳前後です。子どもたちはヒョウの子どもになって遊んでいます。リーヌス、クリストファー、フレイはみな四歳児で、五歳児の三人に追いかけられています。スティーナ、ハンナ、フェリックは山のほうに登ります。リーヌス、クリストファー、フレイも、話し合ってヒョウになることにしました。そして、山に登って、「一緒に遊べるか？」と聞きました。

ハンナが、男の子たちに「ヒョウになりたいか、モンスターになりたいか」と聞きます。みんな、「ヒョウになりたい」と言いました。今度はハンナが、「ママか、パパか、子どもになりたいか」と聞きました。クリストファーとリーヌスは「パパになりたい」と答え、フェリックとスティーナは「子どもの役を続けたい」と言いました。

ハンナは、「私も子どもになりたいから、あなたたちのなかで誰かママになって」と、フレイ、リーヌス、クリストファーを指さして言いました。フレイは、少しの間黙っていましたが、「ママになってもいい」と言いました。するとハンナが、「みんな早くおいで、モンスターが来た」と言って、走って山を下りていきました。

いつもは女性の役割ではない狩りや戦闘遊びをして男の子だけで遊んでいるリーヌス、フレイ、クリストファーが、ここでは女の子と遊んでいます。リーヌスとクリストファーはパパの役を選

びます。女の子とフェリックスは、中性の役となる子どもの役を選びました。彼女たちは、もっとも権力が得られる大人のポジションを選ばず、リーヌス、クリストファー、フレイより年上であるにもかかわらず、子どもの役を選んだのです。

このことに対する一つの解釈は、大人よりも子ども役のほうがいたずらができて、よく遊ぶ自由があるということです［参考文献19］。

子どもたちは、動物の子どもが可愛くて面白いと思っています。一方、ママの役には、子どもの世話や家事といった面白くないと思われる仕事があります。子ども役のほかに、誰も選ばない二つの中性役があります。それは、大人とモンスターです。フレイは、少しためらってから「ママの役になる」と言いました。

このタイプの遊びでは、「男女区別の原則」（二四一ページを参照）は通用しません［参考文献39］。フレイがママの役を引き受けたのは、固定観念や先入観に基づくジェンダーとは逆の選択をした例だと言えます。しかし、このケースでは、彼はママの役をしたいという意志で動いたわけではなく、遊びを継続させるために、ママの役が「なくてはならないもの」という問題を解決するために妥協をしたのです。

フレイがママの役になることに同意すると、すぐに役割についての交渉は終わり、遊びがはじまりました。子どもたちは、大声を上げて山道を駆け下りました。この遊びは、パパとママと子どもたちがいることから伝統的な家族遊びに類似していますが、子どもの世話をするということはなく、モンスター狩りで追いかけっこをするというスリルのある遊びとなっています。動物遊びは伝統的な家族遊びよりもルールが曖昧なため、男女どちらも一緒に遊びやすいと言えます。

④バスタブに飛び込む

第6章で記述しましたが、森の中で行われる遊びの多くは、木に登ったり樹皮をめくったりと身体的な活動を中心にして構成されています。それらの身体的な遊びのなかには、重い物を運ぶというような、体力を試す活動もあります。

あるとき、年長児のグループで一番年上となるスティーナとハンナ、そしてダニエルが石を運んでいる様子を観察しました。三人とも五歳ですが、スティーナがほかの友達より三か月から五か月年上であることを全員が知っていました。それゆえ、スティーナが一番大きい石を運ぶべきだという合意が成り立っていました。

さて、次の事例です。先ほどの事例では家族遊びの要素が一部に含まれていましたが、今度は身体的な活動がもっとも重要なものであると解釈できる遊びです。この遊びは、上述の海賊遊びが終わった直後に続いて行われたものです。

ニクラスが、「バスタブに行ってジャンプしよう」と言いました。ミカエル、フレドリック、ニクラスが沼から「バスタブ」に移動します。そこの地面には窪地があり、崖の端からその窪地に飛び下りることができます。

ニクラスが、「さあ、ママが飛び込むよ。ぼくママ」と言って飛び込みました。ミカエルが、「今度は、ぼくパパ」と言います。フレドリックは、何の役にするか迷いました。するとニクラスが、「ママが二人いてもいいよ」と言いました。フレッドリックが同意して飛び込みました。

そこにジェニーが来て、仲間に入ってもよいいかと尋ねないまま飛び込みました。子どもたちは、順番に数回飛び込みました。ニクラスが、「ジェニー、今度は君の番だよ。さあ、飛び込んで」と言いました。そして、ジェニーが飛び込みました。

男の子たちは、海賊遊びからバスタブに飛び込む遊びに移行しました。海賊遊びでは仲間に入れてもらえなかったジェニーですが、今度は一緒に遊んでよいかと尋ねることもなく飛び込みはじめ、ほかの子どもと一緒に遊ぶことが許されました。ニクラスが、「今度は君の番だよ」と言って、明らかにジェニーを遊びに招いています。このことから、この遊びは男の子にも女の子にも合う遊びであるとニクラスが考えていると解釈することができます。あるいは、海賊遊びで、

ジェニーを仲間に入れなかったことを償いたかったのかもしれません。

この種の遊びでは、女の子も参加できる余地があることが前提条件となっていると考えられます。それは、家族遊びをテーマにしたとき、ママが二人いて、パパが一人いたからかもしれません。しかし、私が考えるもっとも大きな要因は、「飛び下りる」という身体的な活動であったということです。

ニクラスは、ママ・パパ・子どもの遊びを行ったときママの役を選びました。フレドリックも、パパが二人いてもよかったのにもかかわらずママの役を選びました。このエピソードが示しているのは、この男の子たちは常に「男女区別の原則」（二四一ページ参照）を応用しているわけではないということです［参考文献39］。彼らは、ママの真似をしたり、女の子を遊びに入れることもできます。しかし、やはり男の子たちが率先していることに変わりはありませ

バスタブに飛び込む子どもたち

ん。男の子の人数が多いことと、彼らが最初に遊んでいたということがその理由かもしれません。また、このタイプの遊びでは、女の子が優先できる家庭における子どもの世話や家事が関係していないということもその理由となるかもしれません。

この遊びでは、窪地に飛び下りるという身体的な活動が中心になります。つまり、男女をはっきりと区別することが重要ではないということです。それどころか、男の子たちがママの真似をしていることから、ここでは男女の区別を超えていたように思えます。

遊びにおける男女平等

ここまで、さまざまな遊びが女の子と男の子にどのような役を提供するのかという視点から分析し、紹介をしてきました。遊びというものはジェンダーの視点で分けることができます。また、ある遊びは男女の典型的な役を提供しますし、ある遊びが男女の境界を超えることもあります。

ほかのテーマに比べて、固定観念や先入観に基づいた男女の役を多く含んでいる遊びのテーマがあります。それがスーパーヒーロー遊びでした。このテーマは男の子の遊びにおいてよく見られるもので、「男らしさ」によって構成されています［参考文献46］。この遊びでは「覇権的な男らしさ」［参考文献9］が行使されており、女の子あるいは女性といった役の余地がまったくありません。

また、森の中でのスーパーヒーロー遊びと、ほかの環境で行われるスーパーヒーロー遊びとの間に違いが見られません［参考文献3・14］。バイオニクル（二一六ページ参照）のようなキャラクターが遊びに登場し、その内容に影響を与えています。自然環境は、その遊びのテーマに適していますが、遊びの内容そのものを変えることはなく、スーパーヒーローの物語よりは下位に位置していると言えます。

一方、家族遊びは、女性らしさや異性愛の規範を再生産する可能性をもっています。なぜなら、家族遊びというテーマが行動や役割を規制するからです。他方で、その遊びは男女の境界を超えることを許容します。たき火をしたり、魚釣りをするといった環境、そして野外生活の実践によって伝統的な家族の境界を超えて、男の子も遊びに参加できる可能性が開かれるのです。魚釣りやたき火で料理をすることは、家族遊びに適しています。同時に、それらの行動は男性らしさと関連づけられるので、男の子も許容できるわけです。

自然環境での遊びは、場所自体が「女らしい」とコード化されているわけではないため、男の子が参加して「女の子の遊び場」で遊んでもからかわれることがありません。また、動物遊びは、男女が一緒に遊ぶというよい機会を提供してくれます。女の子も男の子も動物には興味がありますし、どちらかのジェンダーにこの遊びが関連づけられていないからです。

動物遊びには、危険があったり、野性的な自由さがあったりします。しかし、優しさ、可愛さ、あるいは楽しさもあります。動物の世話をしても、赤ちゃんの世話をすることに比べれば「女らしさ」に関連づけられることはありません。動物遊びで家族の真似をする場合でも、遊びを冒険とスリルのあるものに展開できる可能性が家族遊びよりも大きいと言えます。なぜなら、家族遊びの場合は、固定観念や先入観に基づく男女の役割の再現と家庭での生活が中心になってしまうからです。

いずれにせよ、身体的な遊びは男女がともに遊ぶよい機会を提供してくれることになります。木登りをしたり、バランスをとったり、ジャンプをしたり、滑り下りたりしているときは、男の子であろうと女の子であろうとまったく関係ありません。身体的な遊びでは、子どもは目の前にある物理的な環境に影響を受けますので、遊びの内容と役割があまり重要ではなくなるのです。

先の事例で示したように、自然環境では女の子と男の子が一緒に遊びやすくなります。必ずではありませんが、さまざまな遊びに付きまとう典型的な男女のパターンから解放されやすいのです。そのうえ、自然環境は、二つの重要な方法において男女平等に貢献しています。一つは、自然環境に魅力があることです［参考文献28］。そして、自然環境は、子どもを男女の区別なく、感覚的で探求的な活動に誘い込みます。

もう一つの理由は、森の環境とそこにある素材自体が男女別に選択されるものではないということです。『教育環境と子どもの主体性の創造』（未邦訳）という本を著しているノールデイン・フルトマン（Nordin-Hultman Elisabeth）は、就学前学校の物理的な環境に関する研究において、就学前学校の環境においてどんな遊びができるかのメッセージを伝えており、それによって子どもの遊びを規制していることを示しています［参考文献63］。これらのメッセージは、女の子と男の子で異なります。同様に、玩具とほかのものにも文化的な意味が含まれており、それぞれ文化的な考え方を伝えています。

また、それらには男女のコードがあり、特定の行為をするように誘うものもあります［参考文献61］。たとえば、家庭用品や自動車のように、二次的な機能をもつ特別な玩具です。一方、ボールのような一次的な機能をもつ玩具は、もっとジェンダーに中立的です［参考文献61］。

一部の玩具は、男女の区別が極端にされています。たとえば、バービー人形やアクションマン(4)は、固定観念や先入観に基づく男女の遊びに関連づけることができます。子ども自身も、自分と反対の性のためにつくられた玩具で遊ぶことはできない、と主張しています［参考文献55］。もちろん、森にある素材と場所が、時には男女のコードをともなう文化的な意味が含まれている可能性もあります。その事例は先に述べたとおりです。しかし、それほど固定化された意味はもっていません。それどころか、自然素材の場合には多様な解釈が可能であり、変換できる余地が大きいのです。それゆえ、男女ともに子どもが一緒に遊べる空間を生み出すことになるのです。

ジェンダーを構成する内容は、多くの要因が絡まる複雑なプロセスとなっています。研究対象となった野外就学前学校においては、自然環境のほかにも、男女ともに固定観念や先入観に流されないようにするための要因がありました。それは、保育者たちが男女平等な幼児教育をするための研修プロジェクトに参加をしていたからです。それゆえ、ジェンダーの問題に関してリフレクションをするようになっていたのです。

また、一部の保護者がジェンダーの問題に熱心にかかわっており、野外教育が男女平等を促進することを願っていたという事実がありました。これらのことをふまえて私は、自然環境が男女ともに固定観念や先入観に基づく遊びに発展しにくい空間がつくり出されていると考えています。

結論としてまとめると、野外教育が典型的な男女のパターンに必ずしも対抗できるとはかぎりませんが、対抗できるだけのよい条件が整っていると考えることができます。自然環境での遊びは、以下に挙げる理由のように、就学前学校で男女平等に取り組む機会を提供することになるでしょう。

（４）一九六六年にイギリスのパリトーイ社により販売された男児向けのアクションフィギュアのことです。

- 森での活動は、たとえば動物とか野外生活といったテーマのように、どちらかの性だけに関連することのない遊びのテーマを提供してくれます。これらの遊びは、動物の子どもといった中立的な役を提供してくれるため、女の子と男の子が一緒に遊び、いろいろな役を試しやすくしています。
- 野外で行う物理的な遊びの性格が、場所的にも精神的にも余裕のあるものとなり、いろいろな遊びのルールも緩やかになります。
- 自然環境とその素材が、どちらかのジェンダーに固定されていません。それらは、子どもによって解釈されなくてはいけません。子どもは、素材を何に見立てるかについて合意をしなくてはならないため、素材の意味づけは容易に変化していきます。つまり、素材と場は、どちらの性にも関連づけられておらず、いろいろな用途に使えるということです。
- 自然で子どもが遊ぶという物理的な環境は、子どもに身体的かつ探求的な活動を提供してくれます。身体的な遊び、たとえば木に登る、バランスをとる、飛び下りるといった遊びは、女の子も男の子も参加することができます。遊びのなかで体力を試す場合、男女の差ではなく年齢差のほうが強調されることになります。

第9章

森の中の最後の子ども？

最終章では、自然とのコンタクトが今の子どもにとっていかに重要かについて議論します。子どもが野外の自然環境で過ごすことは望ましいことなのでしょうか？　それによって何を達成したいのでしょうか？　また、どのようにすれば達成することができるのでしょうか？

スウェーデンにおける調査と統計によると、スウェーデンの子どもは、自分たちだけで野外で過ごす時間が徐々に少なくなっています。自然で過ごすことがもっとも少なくなった集団といえば、子どもとなるでしょう［参考文献22・49］。同じことが、他の多くの西洋諸国についても言えます。本章の見出しは、アメリカで出版された本のタイトル『Last Child in the Woods』［参考文献53］から取りました[1]。

この本の著者であるリチャード・ルーヴ（Richard Louv）は、アメリカの子どもが自然環境で過ごすことがどんどん減っていることを心配しています。また、今日の子どもは、メディアと近代的な技術に依存しており、前の世代に比べて乏しい子ども時代を過ごしているとも言っています。その結果、集中力に

子どもたちは森から去ってしまうのか？

障害が出るＡＤＨＤをはじめとして、そのほかの問題を引き起こすことになるだろうと予測しています。

彼は、現代社会とは逆となる理想の姿として、かつて自然の近くに住み、木に登り、小屋をつくり、魚釣りをした幸せな子どもの姿を描いています。これに対してハルデン教授（iiページ参照）は、前世代の子ども時代をロマンチック化して、内省なく自然を「神」と見る考え方に警告を発しています［参考文献35］。彼女は、大切なことは失った時代を取り戻そうすることではなく、今日、実行可能なものを見つけることだ、と述べています。

スウェーデンでは、子どもと自然の関係についての考え方に対して内省に欠けることがあります。つまり私たちは、子どもが自然環境の中で過ごすという経験は、子どものためになるものであり、発達を促すものだということを当然視しているわけです。しかし、なぜそう考えるのか、どのようによいのかということについて明解な答えをもっているとは言えません。私が「レインボーゲン野外就学前学校」でインタビューを行った父親が次のように表現していました。

「（自然で過ごすことは）僕はとても重要なことだと思います。そのほうがずっと楽しいと、自信をもって言うことができます。誰が自然環境に出掛けたくない、と思うでしょうか。あまりに

（1）　邦訳タイトルは『あなたの子どもには自然が足りない』（春日井晶子訳、早川書房、二〇〇六年）です。

も当然のことなので、自然環境に出掛けることについて、じっくりと正当化する理由を考える必要を感じたことがありません」

私自身も、今日の子どもが自然とコンタクトを取ることを望んでいます。しかし、それによって何を与えたいのか、またどのようにすれば実現することができるのかについては考える必要があります。本書を著した目的の一つは、子どもが自然環境でどのように遊ぶのか、就学前学校における野外教育活動の日常生活がどのようなものなのかについて知識を提供し、読者のみなさんに貢献することでした。子どもが自然とコンタクトを取るための新しい形を模索するうえにおいて、これらの知識が役に立つことを望んでいます。

子どもが野外で過ごすことはよいことなのか?

第2章の終わりで説明したとおり、子どもがバリエーション豊かな野外で過ごすことは発達を促し、多くの学びがもたらされるという研究報告があります。しかし、それらの研究報告は小規模であること、また研究の方法によっては、野外で過ごしていること自体が要因なのか、それとも社会経済的、教育学的な要因といったことが関係しているのかについては明確な記述がされていません。それゆえ、子どもが野外教育に参加することで本当にポジティブな発達をしているのかどうかについては断言することが難しいと言えます。第２章で紹介したソーダーストロム（六八ページ参照）は、野外でより多く過ごすことが子どもの健康にどのように影響を与えているかについて明らかにするために、もっとさまざまな研究が必要であると述べています［参考文献88］。

野外教育に反対する意見として挙げられるのは、冬季の半年間は野外での動きが緩慢になるほか、創作活動を発達させる機会が減るということがあります。また、別の反対意見として、野外で過ごす子どもたちはコンピュータやiPadのような近代的なメディアを使うことに慣れないため、「普通」の就学前学校の子どもたちに比べて、その分野で遅れることになるというものです。

私自身の研究において内省したことですが、まだ語彙が少ない幼児の場合、おもちゃやほかの素材が新しい概念と言葉を学ぶために役立ち、自らを理解するための助けとして必要なことがあります。たしかに、野外にはおもちゃがないので、そのような援助を受けることができません。

また、幼児が一日中野外にいることはストレスにつながると述べている研究もあります。しかし、このストレスに害があるとは言えません。逆に、野外で過ごすことによって健康面へのメリットがたくさんあると言えます。たとえば、室内で過ごしている子どもより運動量が多く、体重が軽く、よい睡眠がとれるといったことが挙げられます。ゆえに、ここで述べられているストレスは、朝早くから野外に出て、たくさんの服を着ていると同時に、たくさんの服を着ていると動きにくいためにじっとしているケースが多いだろうという、身体的なものを指していると考えられます［参考文献90］。

一日の活動計画を改善することで、このようなストレスを軽減することができます。マーガレータ・ソーダーストロム（六八ページ参照）は、テレビのレポート番組において、幼児は寒いときには室内で休んで食事ができるように、野外と室内の活動を組み合わせるべきだと言っています［参考文献86］。つまり、室内と野外との活動において、最適となるバランスを見つけることが重要だということです。

純粋に野外でのみ活動している就学前学校とは違い、「雨の日も晴れの日も」の認証を取り入れている野外就学前学校には必ず園舎があります。「雨の日も晴れの日も」の規定文書には、野外と室内、それぞれに適した活動をすることが強調されています。室内と野外の活動を組み合わせることがよいことは、学びについての研究報告においても支持されています。室内と野外の活動を組み合わせることがもっとも有意義である、と述べられているのです［参考文献11・26・87］。

そのほかにも、子どもの発達、学び、健康といった側面に直接結びつけることなく、野外教育と自然環境で過ごすことをすすめる理由があります。それは、価値観に関連したものです。

スウェーデンでは、森や野原で過ごすことが長年にわたって伝統となっています。多くの大人は、野外生活と夏のコテージで過ごすことに価値を見いだしています。また、多くの保護者が、自然環境で遊んだというポジティブな思い出をもっており、自分の子どもたちにも自然と関係をもってほしいと願っています。

野外教育は、環境、持続可能な発展、そして大量消費への批判に関連した理由でも正当化することができます。野外生活推進協会は、自然感覚を得た子どもはより環境意識の高い大人に成長するといったことを理由にして、野外教育を正当化しています。このことは、第２章（七〇ページ）で紹介した北アメリカの研究においても支持されています［参考文献98］。また、スウェーデンの作家であるシャスティン・エクマン（Kerstin Ekman）も、『Herrarna i skogen（森の支配者）』という本において同じような意見を述べています。彼女は、環境意識の基盤は自然の細部を見ることで、なぜ多様性が必要なのかについて理解する必要があると言っています。

もし、スウェーデン人に、森に何が生えていて、何が生きているかについての知識がもっとあれば、もっと自然保護を達成することができるであろう。そこにあることさえ知らなければ、なくなっても寂しく思うことはないし、それを保護するといったことに対して興味をもつこともない。［参考文献17］

野外で過ごすことが持続可能な発展に関連づけられるもう一つの側面は、野外で過ごし、自然の素材で遊ぶことによって資源の節約ができるということです。建物、玩具（おもちゃ）・遊具やその他の素材を節約することができます。子どもたちは、遊びやそのほかの活動を通して、自然資源をどのように使うかについての知識を得ることができます。子どもたちは、野外活動のよさを理解し、どのようにすればモノを消費しないで楽しむことができるのかについても学ぶことになります。

地球一つでは支え切れないほど大量消費をしている現代において、これは非常に重要な知識となります。「レインボーゲン野外就学前学校」に通う子どもの保護者が野外教育を選んだことは、消費主義と物質主義に抵抗するための重要な選択となっています。

私が野外教育をすすめる最後の理由は、野外教育にジェンダーを超えるだけの潜在能力があるからです。第8章で示しましたが、自然環境はジェンダーに中立的な遊びを選ぶことになり、反対の性の子どもと遊ぶ可能性を提供します。自然素材と環境は解釈を必要とするため、明確なメッセージをもっている玩具で遊ぶ場合とは違った方法でジェンダーの境界を超える可能性があるのです。しかし、常に自然素材が男女平等を促すように解釈されるわけではありません。自然素材であっても、男女ともに固定観念や先入観に基づく遊びをすることもできるからです。

どのようにすれば、子どもが自然と関係をもつようになるのか？

私は、ストックホルム市外にあるナッカ自然保護区にある郊外の都市に住んでいます。ベランダに面した庭に遊び場があり、ブランコ、すべり台、小さなジャングルジム、そして砂場があります。また、住宅街に住むそれぞれの家族が、みんなで使えるようにと持ち込んだ玩具が砂場に置かれています。

庭は、子どもと保護者でいつもにぎわっています。時々、午前中に就学前学校のグループが訪れます。庭は美しく、子どもたちが活き活きと遊んでいる姿は本当に素敵なものです。しかし、考えさせられるのは、五〇メートル先に森があるのにもかかわらず、そこに誰も足を運ばず、荒涼としているということです。

その森の脇を歩いてみると大きな岩がありました。よじ登れば楽しそうです。少し森の中に入ると、ちょっとした高台、小道、木や空き地があります。私はここで遊んでいる子どもを見たことがありませんし、森の中のほかの場所でも、「雨の日も晴れの日も」の認証を受けている野外就学前学校が使っている以外、遊んでいる子どもを見たことがありません。なぜ、保護者と就学前学校の保育者たちは、子どもたちを森に連れていかないのでしょうか。どうして、庭のような遊び場ばかりを探して出掛けるのでしょうか。私自身も、孫と出掛けるときに、どうして森ではなく遊び場に行ってしまうのでしょうか。

その答えは、遊び場に行くほうが簡単だからです。なぜなら、子どもたちは、ブランコをしたり、すべり台で遊んだり、砂場で砂を掘り起こしたり、登り台に登ったりといったように遊ぶことが分かっているからです。自然環境で過ごすことに慣れていない子どもが森に行くと、そこで何をして遊んでよいのか分からないのです。

森は語りかけてくれません。沈黙しているのです。「レインボーゲン野外就学前学校」での新学期のように、森の中での遊びの可能性を発見するために、子どもには森を紹介してもらうという必要があります。

ここで改めて、何が場所を「特別な場」にするのかというレルフ（一一〇ページ参照）の理論を振り返りたいと思います。彼は、人間にとっての機能とシンボルが、その場所に結びつけられることによって社会的な意味が生まれると言っています［参考文献71］。

ある場所が子どもに関連をもつためには、子どもがその場所をほかの子どもか大人と一緒に体験する必要があります。その場所を使い、一緒に過ごし、何かをして、想像するのです。それによって意味が伝わり、分かち合うことができるのです。また、子どもが、傾斜を滑ることができたり、溝で魚釣りをしたり、丸太を平均台にした遊べるといったことを発見する必要があります。

ほかの人と一緒にお弁当を食べて、おしゃべりをする必要があるのです。

このような仲間意識は、家族と一緒に祝日や休暇を過ごすことである程度見いだすことができます。しかし、今日、スウェーデン人の子どものほぼ全員が就学前学校で過ごしています。つまり、家族と過ごす時間が少なくなっているわけです。それゆえ、就学前学校と基礎学校こそが、子どもに自然とのかかわりという経験を与える大きな可能性をもっていると言えます。実際の調査では、自然環境で過ごしている子どもたちの多くが、就学前学校と基礎学校の先生と一緒に過ごしていることが明らかになっています［参考文献49・76］。

「雨の日も晴れの日も」から何を学ぶことができるか？

「雨の日も晴れの日も」の活動は、野外生活推進協会の伝統を基盤として構成されています。長年の経験をもとに、教材と教育方法が開発されてきました。全国組織で教材を提供し、保育者のネットワークを組織して、その経験を伝承しています。と同時に、教育方法については、子どもの学びと教育方法の研究と関連しながら継続的に開発され続けています。

「雨の日も晴れの日も」の認証を取るためには、かなり高いハードルがあると思われていますが、

「普通」の就学前学校でもその教育の一部を導入することができます。すでに多くの就学前学校が、「雨の日も晴れの日も」のアイデアを取り入れています。そして私は、現代の子どもが自然とコンタクトがとれるように、もっと多くの就学前学校が「雨の日も晴れの日も」を取り入れることでメリットを得ることができると考えています。

もっとも重要なことは、子どもを自然のある場所に連れていって、五感で体験をするようにインスピレーションを与え、微細なことに注意を向けるようにすることです。野外生活推進協会のリーダーの役割のなかには、子どもの質問をよく聞き、自分も好奇心をもつといったことが含まれています。自然の魅力と不思議さを感じ、それを伝えることができれば大成功なのです。

「雨の日も晴れの日も」の探索活動とプロジェクト活動は、多くの就学前学校がすでに取り組んでいる探究活動に近いものです。自然環境が探究を促します。自然分解しかかっている木の枝を崩してみたり、石の下に何がいるのか覗いてみたり、流れている水を使って実験するといったことを行っています。プロジェクト活動を野外で行うことにはメリットがあります。「雨の日も晴れの日も」の『基礎教本』や『教授本』などのテキストは、ほかの就学前学校にインスピレーションとアイデアを与えるものとなっています。

もう一つ、「雨の日も晴れの日も」の活動から学べることで重要なことは、「レインボーゲン野外就学前学校」のグループのように、子どもたちと定期的に行くことができる「基地」を見つけることです。特別な場所である必要はありません。森の木立ちとか公園の片隅でもいいのですが、子どもの年齢に適しており、チャレンジしたり、スリルがある場所でなければなりません。その場所にはさまざまな自然があり、できれば段差があり、いろいろな植物や自然素材があるとさらによいでしょう。

「雨の日も晴れの日も」の活動で実践されている散策方法を取り入れることもできます。途中で確認する目印に注意を払って行き先を理解し、自分たちの場所を見つけるといったものです。また、そのような場所でキャンプファイアをして、その周りに集まることができます。つまり、輪になって座り、お弁当を食べ、大人が準備した遊びをするのです。

重要なことは、子どもに遊びの可能性を見せることと、自由な遊びの時間を与えることです。それらの場所に名前を付け、童話を読んだり、一緒に想像したり、劇をしたりして魔法をかけることもできます。

本書が就学前学校の保育者と保護者のみなさんにインスピレーションを与え、みなさんが子どもを森に連れていって、子どもと一緒に魅力的な場所をつくり出せることを願っています。

訳者あとがき

本書を紹介してくれたのは、著者であるエーバ・エングゴードさんの元同僚で、ストックホルム大学において就学前学校の保育者養成コースで自然環境教育の講師をしていたジル・ウエスターマーク（Jill Westermark）さんです。彼女は、スウェーデンの「森のムッレ教室」を開発してきた中心人物の一人でもあり、本書が日本における「森のムッレ教室」の普及に役立つだろうと考えて推薦してくれました。本書は、スウェーデン野外生活推進協会がすすめる「雨の日も晴れの日も」の活動において、現在、就学前学校の保育者養成講座におけるテキストの一冊としても活用されています。

一九七〇年、私は兵庫県丹波市の実家前にある保育園に「森のムッレ教室」を紹介しました。当時は、幼児が自然に出掛けることには危険がともなうし、自然の循環やエコロジーについて話をするのは「早すぎる」という考えが多かったのですが、この保育園と当時の町政から賛同を得ることができました。そして、一九七二年にスウェーデンの講師による「森のムッレ教室」のリーダー養成講座を実施し、リーダーになった有志によって「日本野外生活推進協会」が設立されました。その後、この協会の活動が全国に広がり、現在、四〇団体が日本野外生活推進協会と契約を結んで「森のムッレ教室」の活動を展開しています。

日本野外生活推進協会は、これまでに「森のムッレ教室」のリーダーを約四三〇〇人養成しています。現在、活動しているリーダーは四一五名おり、年間延べ一万二〇〇〇人の子どもたちがこの活動に参加しています。契約団体には、私立保育園、認定こども園、子育て支援や環境保護のNPO団体、森のようちえん、企業や大学をはじめとして、さまざまな組織や団体があります。どの団体も「森のムッレ教室」を通して幼児の心身面での発達を促し、子どもたちが自然感覚を身につけて、将来の持続可能な社会の担い手になることを願って活動を展開しています。

現在、世界各国において、幼児期からの自然環境教育が促進されはじめています。北欧では、「就学前学校カリキュラム」に環境問題や自然保護問題を重視することが明記されています。スウェーデンでは、「森のムッレ教室」を取り入れている就学前学校や「雨の日も晴れの日も」の認証を受けている就学前学校が全国五〇〇校あるほか、一般の就学前学校においても、週に一度は自然に出掛け、自然について学ぶといった活動を取り入れているところが増えています。

隣国のフィンランドでも、全国にある就学前学校の約三〇パーセントが「森のムッレ教室」を導入しています。また、イギリスではウェールズ行政庁が「フォーレストスクール」を推進していますし、スコットランド政府は幼児の自然環境教育の指導書を作成し、ホームページにおいて自由にアクセスができるようにしています。そして、日本においても、小中学校の「学習指導要領」と「幼稚園教育要領」の前文に、生命を尊び、自然を大切にし、環境の保全に寄与する態度を養うことが明記され、これからの幼稚園では、持続可能な社会のつくり手となるための基礎を培うことが求められる、と明記されています。

これらの動きの背景には、子どもの健康維持のためには自然に出掛けることがよいという認識が高まったこと、そして、近年の地球温暖化による気候変動の深刻化、生物多様性の危機、海洋プラスチック汚染など、環境問題が将来の子どもたちの生活そのものを脅かすリスクが高くなってきたことに関する認識の高まりがあると思われます。それゆえ、「持続可能な開発のための教育（ESD）」と「持続可能な開発目標（SDGs）」の取り組みが推進され、持続可能な社会の担い手の育成が重要視されはじめているのです。

日本ではさらに、長野県、鳥取県、広島県をはじめとして一〇〇余りの自治体が、「森と自然を活用した保育・幼児教育」を推進する自治体ネットワークを設立するなど、自然環境教育の活動に「追い風」が吹いているようにも感じています。とはいえ、本書の著者が指摘しているように、環境意識が高まっても子どもがなかなか自然に出掛けていないという現実があります。その理由となる以下の三つは、どれも日本にもあてはまるため、今後の戦略と対策を考えていく必要があります。

❶都市化が進んだことで、自然が子どもたちから遠くなった。
❷子どもたちだけで野外で遊ぶことが危険と考えられるようになった。
❸自然の遊びと競合するテレビゲームやスマートフォーンなどがある。

本書で紹介した「自然享受権」（五二ページ参照）があり、自然へのアクセスが簡単なスウェーデンでさえ、この三〇年間において自然に出掛ける子どもが減っているのです。そして、二〇〇〇年代には、熱意のある大人がいないと子どもは自然とのかかわりができないという状況になってしまいました。これは日本も同じです。仮に、自然環境に出掛けていったとしても、子どもは自然での遊び方を知りません。ひょっとしたら、現在の親世代や保育者も自然での遊び方を知らないかもしれません。つまり、子どもが自然で楽しく遊び、自然について学ぶようになるためには、活動をデザインして誘導できるだけの大人が必要だということです。

このような状況ゆえ、スウェーデンで開発した「森のムッレ教室」、そして「雨の日も晴れの日も」における自然環境教育の理論と教育方法から学べることが多いと思われます。本書を参考にしてもらうほか、日本野外生活推進協会が開催している「森のムッレリーダー養成講座」を受講していただければ、子どもたちを自然にかかわらせたいと考えている大人や保育者は、しっかりとした自然環境教育を学ぶことができます。もちろん、すでに環境教育に取り組んでおられる方々に対しても、活動の質を向上させることになると確信しています。

二〇一九年九月二三日、ニューヨークで国連気候行動サミットが行われました。そこで、一六歳になるスウェーデン人のグレタ・トゥーンベリ（Greta Thunberg）は、各国首脳や閣僚を前にして、「私たちの未来を奪わないで、すぐにアクションを！」と訴えました。二〇一八年八月から一人でスウェーデン国会議事堂の前ではじめた「気候のための学校ストライキ」は、全世界で約六〇〇〇万人の若者や大人を巻き込んでいます。スウェーデンから自然環境保護を真剣に訴える若者が登場したことは、偶然ではなく必然だったように思います。それは、スウェーデンの自然環境教育でエコロジーを学び、民主主義社会で育ったことが基盤にあるからです。私たち大人は、しっかりグレタたちの言葉を受け止め、アクションをしていく必要があると思います。

最後になりますが、共訳者の光橋翠さんに深く感謝いたします。本書の邦訳出版が実現できましたのも、彼女の強い意志と優れた翻訳能力のおかげだと思っております。そして、常に北欧の先進的な思想を日本社会に発信されている株式会社新評論の武市一幸さんに、心より感謝の意を表したいと思います。

二〇一九年九月　ストックホルムにて　　　　高見幸子

(sammanfattning) Uppsala: Sveriges lantbruksuniversitet, 2005. Tillgänglig på Internet: http://epsilon.slu.se/200577.pdf

105. Åm, Eli (1993). *Leken – ur barnets perspektiv.* Stockholm: Natur och Kultur.

106. Änggård, Eva (2005). *Bildskapande – en del av förskolebarns kamratkulturer.* (Linköping Studies in Art and Education 315) Linköping: Linköpings universitet. Tillgänglig på internet: www.diva-portal.org/smash/get/diva2:20796/FULLTEXT01.pdf

107. Änggård, Eva (2006). *Barn skapar bilder i förskolan.* Lund. Studentlitteratur.

108. Änggård, Eva (2009a). Föräldrars tankar om naturens betydelse för barn. I: Markström, Ann-Marie, Simonsson, Maria, Söderlind, Ingrid & Änggård, Eva (red.) *Barn, barndom och föräldraskap.* Stockholm: Carlsson, s. 254–270.

109. Änggård, Eva (2009b). Naturen som klassrum, hem och sagovärld. I: Halldén, Gunilla (red.) *Naturen som symbol för den goda barndomen.* Stockholm: Carlsson, s. 140–163.

110. Änggård, Eva (2009c). Skogen som lekplats: Naturens material och miljöer som resurser i lek. *Nordisk pedagogik* 29(2), s. 221–234.

111. Änggård, Eva (2011). Children's gendered and non-gendered play in natural spaces. *Children, Youth and Environment* 21(2), s. 5–33.

112. Änggård, Eva (2012). Att skapa platser i naturmiljöer. Om hur vardagliga praktiker i en I Ur och Skur-förskola bidrar till platsidentitet. *Nordisk Barnehageforskning,* 5(10), s. 1–16. Tillgänglig på internet: www.diva-portal.org/smash/get/diva2:532785/FULLTEXT01.pdf

113. Ärlemalm-Hagsér, E. (2008). Skogen som pedagogisk praktik ur ett genusperspektiv. I: Brodin, Jane & Sandberg, Anette (red.). *Miljöer för lek, lärande och samspel.* Lund: Studentlitteratur, s. 107–136.

89. Söderström & Blennow (1998). Barn på utedagis hade lägre sjukfrånvaro. *Läkartidningen* 95(15), s. 1670–1672.
90. Söderström, Margareta, Boldemann, Cecilia, Sahlin, Ulrika, Mårtensson, Fredrika, Raustorp, Anders & Blennow, Margareta (2013). The quality of the outdoor environment influences children's health? A cross-sectional study of preschools. *Acta Paediatrica* 102(1) s. 83–91.
91. Taylor Faber, Andrea & Kuo, Frances E. (2009). Children With Attention Deficits Concentrate Better After Walk in the Park. *Journal of Attention Disorders* 12, s. 402–409.
92. Tidholm, Anna-Clara (2001). *Sagor från skogen*. Stockholm: Alfabeta Bokförlag AB.
93. Tranter, Paul J. & Malone, Karen (2004). Geographies of Environmental Learning: An Exploration of Children's Use of School Grounds. *Children's Geographies* 2(1) s. 131–155.
94. Vallberg Roth, Ann Christine (2002). *De yngre barnens läroplanshistoria*. Lund: Studentlitteratur.
95. Vygotskij, Lev Semenovic (1995). *Fantasi och kreativitet i barndomen*. Göteborg: Daidalos.
96. Walkerdine, Valerie (1990). *Schoolgirl fictions*. London: Virgo Press.
97. Wells, Nancy M. (2000). At Home with Nature: Effects of "Greenness" on Children's Cognitive Functioning. *Environment and Behavior* 32, s. 775–795.
98. Wells, Nancy M. & Lekies, Kristi S. (2006). Nature and the Life Course: Pathways from Childhood Nature Experiences to Adult Environmentalism. *Children, Youth and Environments* 16(1), s. 1–24.
99. Westerlund, Anna (red.) (2007). *I Ur och Skur: grundbok från Friluftsfrämjandet*. Stockholm: Friluftsfrämjandet.
100. Westerlund, Anna, Andersson, Kerstin & Johansson, Ylva (2009). *I Ur och Skur: metodbok för skola och fritidshem: [Friluftsfrämjandets metodbeskrivningar för I Ur och Skurs skolor och fritidshem]*. Hägersten: Friluftsfrämjandet.
101. Westerlund, Anna & Andersson, Kerstin (2008). *I Ur och Skur: metodbok för förskola: [Friluftsfrämjandets metodexempel för ledare i I Ur och Skurverksamheten]*. Stockholm: Friluftsfrämjandet.
102. Wihlborg, Ulla, Johansson, Ylva & Andersson, Kerstin (2010). *Ledarhandledning Skogsknopp*. Hägersten: Friluftsfrämjandet.
103. Willén, Elisabeth (1947). Trädgårdsskötsel. I: Sandels, Stina & Moberg, Maria (red.) *Barnträdgården*. Andra omarbetade upplagan. Stockholm: Natur och Kultur, s. 118–128.
104. Åkerblom, Petter (2005). *Lära av trädgård: pedagogiska, historiska och kommunikativa förutsättningar för skolträdgårdsverksamhet*. Diss.

75. Sahlström, Eva & Johansson, Ylva (2010). *Ledarhandledning Skogsmulle.* Rev. uppl. Hägersten: Friluftsfrämjandet.
76. Sandberg, Mattias (2012). *"De är inte ute så mycket": den bostadsnära naturkontaktens betydelse och utrymme i storstadsbarns vardagsliv.* Diss. Göteborg: Göteborgs universitet, 2012. Tillgänglig på Internet: http://hdl.handle.net/2077/29094
77. Sandels, Stina & Moberg, Maria (red.) (1947). *Barnträdgården.* Andra omarbetade upplagan. Stockholm: Natur och Kultur.
78. Schaffer, Barbro (2002). Från skog till hav – naturgestaltningen hos Elsa Beskow. I: Nationalmuseum (red.) *Elsa Beskow. Vår barndoms bildskatt.* Stockholm: Nationalmuseets utställningskatalog nr 628.
79. Schama, Simon (1998). *Skog, landskap och minne. En civilisationshistoria.* Stockholm: Wahlström och Widstrand.
80. Schön, Ebbe (2007). Folktron i landskapet. I: Dahlgren, Lars Owe (red.) (2007). *Utomhuspedagogik som kunskapskälla: närmiljö blir lärmiljö.* Lund: Studentlitteratur, s. 157–183.
81. Skolverket (2010). *Läroplan för förskolan Lpfö 98.* [Ny, rev. utg.]. Stockholm: Skolverket.
82. Socialstyrelsen (1987). *Pedagogiskt program för förskolan.* Stockholm: Kundtjänst, Allmänna förlaget.
83. SOU 1972:26. *Förskolan Del 1. Betänkande avgivet av 1968 års barnstugeutredning.* Stockholm: Liberförlag.
84. SOU 2006:75. *Jämställdhet i förskolan: om betydelsen av jämställdhet och genus i förskolans pedagogiska arbete: slutbetänkande.* Stockholm: Fritzes offentliga publikationer.
85. Sveriges radio (2013). *Vetandets värld.* http://sverigesradio.se/sida/avsnitt/173975?programid=412
86. SVT Smålandsnytt (2013). Högt stresshormon hos barn på uteförskolor http://www.svt.se/nyheter/regionalt/smalandsnytt/uteforskolor-stressar-barn
87. Szczepanski, Anders (2007). Uterummet – ett mäktigt klassrum med många lärmiljöer. I: Dahlgren, Lars Owe (red.) (2007). *Utomhuspedagogik som kunskapskälla: närmiljö blir lärmiljö.* Lund: Studentlitteratur, s. 9–37.
88. Söderström, Margareta (2011). Medicinska perspektiv på barns naturkontakt. I: Mårtensson, Fredrika, Lisberg Jensen, Ebba, Söderström, Margareta & Öhman, Johan (red.) *Den nyttiga utevistelsen?: forskningsperspektiv på naturkontaktens betydelse för barns hälsa och miljöengagemang.* Stockholm: Naturvårdsverket. Tillgänglig på Internet: http://www.naturvardsverket.se/Documents/publikationer6400/978-91-620-6407-5.pdf

58. Mårtensson, Fredrika, Boldemann, Cecilia, Söderström, Margareta, Blennow, Margareta, Englund, Jan-Eric & Grahn, Patrik (2009). Outdoor environmental assessment of attention promoting outdoor settings for preschool children. *Health and place* 15, s. 1149–1157.
59. Nationalencyklopedin (2010). Hämtat på Nationalencyklopedins hemsida, http://www.ne.se/ 2011-08-22.
60. Nelson, Anders & Nilsson, Mattias (2002). *Det massiva barnrummet: teoretiska och empiriska studier av leksaker.* Diss. av båda förf. Lund: Universitetet, 2002.
61. Nelson, Anders & Svensson, Krister (2005). *Barn och leksaker i lek och lärande.* Stockholm: Liber.
62. Nordberg, Marie (2005). Det hotande och lockande feminina – om pojkar, femininitet och genuspedagogik. I: Nordberg, Marie (red.) *Manlighet i fokus – en bok om manliga pedagoger, pojkar och maskulinitetsskapande i förskola och skola.* Stockholm: Liber, s. 122–145.
63. Nordin-Hultman, Elisabeth (2004). *Pedagogiska miljöer och barns subjektskapande.* Stockholm: Liber.
64. Olin, Martin (2002). Bildkonstnären Elsa Beskow. I: Nationalmuseum (red.) *Elsa Beskow. Vår barndoms bildskatt.* Stockholm: Nationalmuseets utställningskatalog nr 628.
65. Olofsson, Birgitta (1987). *Lek för livet: en litteraturgenomgång av forskning om förskolebarns lek.* Stockholm: HLS.
66. Olwig, Karen Fog & Gulløv, Eva (red.) (2003). *Children's places: Cross-cultural perspectives.* London: Routledge.
67. Piaget, Jean (2006). *Barnets själsliga utveckling.* Stockholm: Norstedts Akademiska Förlag.
68. Piaget, Jean (1962). *Play, Dreams and Imitation in Childhood.* New York: Routledge.
69. Rantatalo, Petra (2008). Skogsmulleskolan. I: Sandell, Klas & Sörlin, Sverker (red.) *Friluftshistoria. Från "härdande friluftslif" till ekoturism och miljöpedagogik.* Stockholm: Carlsson, s. 138–155.
70. Rasmussen, Kim (2004). Places for children: Children's places. *Childhood* 11, s. 155–173.
71. Relph, Edward (1976). *Place and placelessness.* London: Pion.
72. Rousseau, Jean-Jacques (1977–1978). *Emile eller Om uppfostran.* Göteborg: Stegeland.
73. Rubinstein Reich, Lena (1993). *Samling i förskolan.* Diss. Lund: Universitetet.
74. Rubinstein Reich, Lena (1996). *Samling i förskolan.* Lund: Studentlitteratur.

45. Johansson, Ylva & Eva Sahlström (2006). *Ledarhandledning Skogsknytte.* Rev. uppl. Hägersten: Friluftsfrämjandet.
46. Jordan, Ellen (1995). Fighting boys and fantasy play: The construction of masculinity in the early years of school. *Gender and Education* 7(1), s. 69–86.
47. Kalliala, Marjatta (2002). Angelprincess and suicide on the playground slide: The culture of play and the societal change. *European Early Childhood Education Research Journal* 10(1), s. 7–28.
48. Kane, Stephen R. (1996). The Emergence of Peer Culture Through Social Pretend Play. I: Furth, Hans G. (red.) *Desire for Society: Children's Knowledge as Social Imagination.* New York: Plenum Press, s. 77–97.
49. Kardell, Lars (2008). *Friluftsutnyttjandet av tre stadsnära skogar kring Uppsala 1988–2007: Stadsskogen, Vårdsätraskogen, Nåntunaskogen.* Uppsala: Institutionen för skoglig landskapsvård, Sveriges lantbruksuniversitet. Tillgänglig på Internet: http://urn.kb.se/resolve?urn=urn:nbn:se:slu:epsilon-e-708
50. Kjørholt, Anne Trine (2003). "Creating a place to belong": Girls' and boys' hut-building as a site for understanding discourses on childhood and generational relations in a Norwegian community. *Children's Geographies* 1(1) s. 261–279.
51. Kuo, Frances E. & Faber Taylor, Andrea (2004). A Potential Natural Treatment for Attention-Deficit/Hyperactivity Disorder: Evidence From a National Study. *American Journal of Public Health* 94 (9), 1580–1586.
52. Levin, D.E. (2003). Beyond banning war and superhero play: Meeting children's needs in violent times. *Young Children* 58(3) s. 60–63.
53. Louv, Richard (2008). *Last child in the woods: saving our children from nature-deficit disorder.* Updated and expanded. Chapel Hill, N.C.: Algonquin Books of Chapel Hill.
54. Löfdahl, A. (2002). *Förskolebarns lek – en arena för kulturellt och socialt meningsskapande.* (Karlstad University Studies 2002:28) Karlstad: Karlstads universitet.
55. MacNaughton, Glenda (2006). Constructing Gender in Early-Years Education. I: Skelton, Christine, Francis, Becky & Smulyan, Lisa (red.) *The SAGE Handbook of Gender and Education.* London: Sage Publications, s. 127–138.
56. Myndigheten för skolutveckling (2004). Lärande om hållbar utveckling: temaskrift. Stockholm: Myndigheten för skolutveckling. Tillgänglig på Internet: http://www.skolverket.se/publikationer?id=1979
57. Mårtensson, Fredrika (2004). *Landskapet i leken: En studie av utomhuslek på förskolegården.* Diss. Alnarp: Sveriges lantbruksuniversitet.

29. Grahn, Patrik (2007). Barnet och naturen. I: Dahlgren, Lars Owe (red.) *Utomhuspedagogik som kunskapskälla: närmiljö blir lärmiljö*. Lund: Studentlitteratur, s. 55–104.
30. Grahn, Patrik, Fredrika Mårtensson, Bodil Lindblad, Paula Nilsson & Anna Ekman (1997). *Ute på dagis. Hur använder barn daghemsgården?* Alnarp: Movium.
31. Gärdenfors, Peter (2010). *Lusten att förstå. Om lärande på människans villkor.* Stockholm: Natur & Kultur.
32. Hangaard Rasmussen, Torben (2002). *Leksakernas virtuella värld. Essäer om leksaker och lek.* Lund: Studentlitteratur.
33. Halldén, Gunilla (2001). *Barnet och boet. Familjen – drömmar om det goda, det spännande och det farliga.* Stockholm: Carlsson.
34. Halldén, G. (red.) (2009). *Naturen som symbol för den goda barndomen.* Stockholm: Carlsson.
35. Halldén, Gunilla (2011). *Barndomens skogar. Om barn i natur och barns natur.* Stockholm: Carlsson.
36. Heft, Harry (1988). Affordances of children's environments: A functional approach to environmental description. *Children's Environments Quarterly* 5(3) s. 29–37.
37. Heikkilä, Mia & Sahlström, Fritjof (2003). Om användning av videoinspelning i fältarbete. *Pedagogisk Forskning i Sverige* 8(1–2) s. 24–41.
38. Hellman, Anette (2005). Förskolebarns konstruktion av maskuliniteter. I: Nordberg, Marie (red.) *Manlighet i fokus – en bok om manliga pedagoger, pojkar och maskulinitetsskapande i förskola och skola.* Stockholm: Liber, s. 146–60.
39. Hirdman, Yvonne (2003). *Genus – om det stabilas föränderliga former.* Malmö: Liber.
40. Holloway, S.L. & Valentine, G. (red.) (2000). *Children's geographies: Playing, living, learning.* London: Routledge.
41. James, Alan, Jenks, Chris & Prout, Alan (1998). *Theorizing childhood.* Cambridge: Polity.
42. Jensen, Mikael (2007). *Lärande och låtsaslek. Ett kognitionsvetenskapligt utvecklingsperspektiv.* (SSKKII Publikationer). Göteborg: Göteborgs universitet.
43. Johannisson, Karin (2001). *Nostalgia: en känslas historia.* Stockholm: Bonnier.
44. Johansson, Elsa (1947). Intressecentrum. I: Sandels, Stina & Moberg, Maria (red.) *Barnträdgården*, Andra omarbetade upplagan. Stockholm: Natur och Kultur, s. 27–43.

13. Davidsson, B. (2008). Skolans olika rum och platser sett ur barns perspektiv. I: Brodin, Jane & Sandberg, Anette (red.). *Miljöer för lek, lärande och samspel*. Lund: Studentlitteratur, s. 37–62.
14. Davies, Bronwyn (2003). *Hur flickor och pojkar gör kön*. Stockholm: Liber.
15. Diderichsen, Agnete (1989). Leken och dess roll i språkets och tänkandets utveckling. I: Lindh-Munther, Agneta (red.) *Att leka är nödvändigt*. Stockholm: Liber.
16. Edström, Vivi (2004). *Kvällsdoppet i Katthult. Essäer om Astrid Lindgren diktaren*. Stockholm: Natur och Kultur.
17. Ekman, Kerstin (2007). *Herrarna i skogen*. Stockholm: Albert Bonniers förlag.
18. Ehn, Billy (1983). *Ska vi leka tiger? Daghemsliv ur kulturell synvinkel*. Lund: Liber.
19. Evaldsson, Ann-Carita & Corsaro, William A. (1998). Play and Games in the Peer Cultures of Preschool and Preadolescent Children: An Interpretative Approach. *Childhood* 5(4), s. 377–402.
20. Fjørtoft, Ingunn (2000). *Landscape as playscape: Learning effects from playing in a natural environment on motor development in children*. Diss. Oslo: Norwegian University of Sport and Physical Education.
21. Fjørtoft, Ingunn (2004). Landscape as Playscape: The Effects of Natural Environment on Children's Play and Motor Development. *Children, Youth and Environments* 14(2) s. 21–44.
22. Fredman, Peter, Stenseke, Marie, Sandell, Klas & Mossing, Anders (2013). *Friluftsliv i förändring: resultat från ett forskningsprogram: slutrapport*. Stockholm: Naturvårdsverket. Tillgänglig på Internet: http://www.naturvardsverket.se/Documents/publikationer6400/978-91-620-6547-8f.pdf
23. Friluftsfrämjandet (2013). Kort om I Ur och Skurs pedagogik. Tillgänglig på Internet: http://www.friluftsframjandet.se/c/document_library/get_file?uuid=a6d2dfda-0a7a-4525-b6b6-93955f21a608&groupId=27679
24. Fröbel, Friedrich (1995). *Människans fostran*. Lund: Studentlitteratur.
25. Furmark, Sven-Gunnar (1999). Upplevelsebaserat lärande. Kompendium. Luleå tekniska universitet. Tillgänglig på Internet: http://pure.ltu.se/portal/files/514409/uppl.pdf
26. Fägerstam, Emilia (2012). *Space and Place. Perspectives on outdoor teaching and learning*. Diss. Linköping: Linköpings universitet.
27. Garvey, Catherine (1990). *Play*. Cambridge, Massachusetts: Harvard University Press.
28. Gibson, James J. (1979). *The ecological approach to visual perception*. Boston: Houghton Mifflin Company.

参考文献一覧

1. Bettelheim, Bruno (1976). *Sagans förtrollade värld.* Stockholm: Norstedts.
2. Bjerrum Nielsen, Harriet (2004). European gender lessons: Girls and boys at scout camps in Denmark, Portugal, Russia and Slovakia. *Childhood* 11(2), s. 207–226.
3. Blaise, Mindy (2005). *Playing It Straight. Uncovering Gender Discourses in the Early Childhood Classroom.* London: Routledge.
4. Brembeck, Helene (1996). Postmodern barndom. I: Brembeck, Helene & Johansson, Barbro (red.): *Postmodern barndom.* Göteborg: Göteborgs universitet.
5. Browne, Naima (2004). *Gender Equity in the Early Years.* Maidenhead, Berkshire: Open University Press.
6. Butler, Judith (1990). *Gender Trouble. Feminism and the Subversion of Identity.* New York: Routledge.
7. Carlsson-Paige, Nancy & Levin, Diane E. (1987). *The war play dilemma: Balancing needs and values in the early childhood classroom.* New York: Teachers College Press, Columbia University.
8. Christensen, Pia Monrad & O'Brien, Margaret (red.) (2003). *Children in the city: home, neighbourhood and community.* London: Routledge/Falmer.
9. Connell, Raewyn W. (2005). *Masculinities.* Berkeley: University of California Press.
10. Corsaro, William A. (1997). *The sociology of childhood.* Thousand Oaks, California: Pine Forge Press.
11. Dahlgren, Lars Owe (2007). Om boklig bildning och sinnlig erfarenhet. I: Dahlgren, Lars Owe (red.) (2007). *Utomhuspedagogik som kunskapskälla: närmiljö blir lärmiljö.* Lund: Studentlitteratur, s. 39–53.
12. Dahlgren, Lars Owe & Szczepanski, Anders (2004). Rum för lärande: några reflexioner om utomhusdidaktikens särart. I: Lundegård, Iann, Wickman, Per-Olof & Wollin, Ammi (red.) *Utomhusdidaktik.* Lund: Studentlitteratur, s. 9–23.

訳者紹介

高見幸子（たかみ・さちこ）
1974年よりスウェーデン在住。
1995年から、スウェーデンへの環境視察のコーデイネートや執筆活動等を通じてスウェーデンの環境保護などを日本に紹介。
元国際環境NGOナチュラル・ステップ・ジャパン代表。現在、ヨスタ・フロム森のムッレ財団理事、日本野外生活推進協会事務局長。幼児の自然環境教育「森のムッレ教室」の普及活動を支援している。
著書・共著書
『日本再生のルール・ブック』（海象社、2003年）、『北欧スタイル快適エコ生活のすすめ』（共著・オーエス出版、2000年）、『エコゴコロ』（共著・共同通信社、2006年）、『幼児のための環境教育』岡部翠編（共著、新評論、2007年）
訳書
『自然のなかに出かけよう』ステイーナ・ヨーハンソン著（日本野外生活推進協会、1997年）、『ナチュラル・チャレンジ』カール・ヘンリク・ロベール著（新評論、1998年）、『スウェーデンは、放射能汚染からどう社会を守っているか』（共訳・合同出版、2012年）。

光橋　翠（みつはし・みどり）
1996年、国際基督教大学（国際関係学科）に入学。

2002年、東京大学大学院新領域創成科学研究科にて修士号を取得。現在、お茶の水女子大学大学院人間発達科学専攻保育・児童学領域博士後期課程に在籍中。

編著書として、『幼児のための環境教育――スウェーデンからの贈りもの「森のムッレ教室」』（新評論、2007年）がある。

訳書として、『世界平和への冒険旅行――ダグ・ハマーショルドと国連の未来』（新評論、2013年）がある。

スウェーデンにおける野外保育のすべて
――「森のムッレ教室」を取り入れた保育実践――

2019年10月31日　初版第1刷発行

訳者　高見幸子
　　　光橋　翠

発行者　武市一幸

発行所　株式会社　新評論

〒169-0051
東京都新宿区西早稲田3-16-28
http://www.shinhyoron.co.jp

電話　03(3202)7391
FAX　03(3202)5832
振替・00160-1-113487

落丁・乱丁はお取り替えします。

定価はカバーに表示してあります。

印刷　フォレスト
製本　中永製本所
装丁　山田英春

Printed in Japan
ISBN978-4-7948-1136-3